社交电商新零售

团队裂变和业绩倍增解决方案

郑清元 王九山 吴智银◎著

中华工商联合出版社

图书在版编目（CIP）数据

社交电商新零售：团队裂变和业绩倍增解决方案 /
郑清元，王九山，吴智银著 . -- 北京：中华工商联合出
版社，2019.7

ISBN 978-7-5158-2528-1

Ⅰ.①社… Ⅱ.①郑… ②王… ③吴… Ⅲ.①网络营
销 Ⅳ.① F713.365.2

中国版本图书馆 CIP 数据核字（2019）第 132171 号

社交电商新零售：团队裂变和业绩倍增解决方案

作　　者：郑清元　王九山　吴智银
责任编辑：肖　宇　袁一鸣
责任审读：郭敬梅
责任印制：迈致红
出版发行：中华工商联合出版社有限责任公司
印　　刷：北京毅峰迅捷印刷有限公司
版　　次：2019 年 7 月第 1 版
印　　次：2019 年 7 月第 1 次印刷
开　　本：710mm×1020mm　1/16
字　　数：225 千字
印　　张：18
书　　号：ISBN 978-7-5158-2528-1
定　　价：58.00 元

服务热线：010-58301130
销售热线：010-58302813
地址邮编：北京市西城区西环广场 A 座
　　　　　　19-20 层，100044
http://www.chgslcbs.cn
E-mail:cicap1202@sina.com（营销中心）
E-mail:gslzbs@sina.com（总编室）

5G 时代来了，走进社交电商新零售

2019 年，是全新发展的一年。随着移动互联的发展，5G 宣告来临。5G 对我们普通人来说意味着什么？在移动互联时代，2G 看文，3G 看图，4G 看视频，5G 时代看视频营销。很显然，在 5G 时代，是商机爆发的时代，财富会在 2019—2020 年又一次重新分配，而社交电商和社交新零售正是在这个风口中以井喷式爆发。

伴随着 5G 的普及，不仅是网络传输速率的提升，更是将人与人之间的通信延展到万物互联，打造全移动和全连接的数字化社会。社交电商新零售将会更大程度上成为年轻人创业的首选。

在不久的将来，当上亿级别的产品通过 5G 网络实现互联互通时，大众的生活将会发生质的改变，同时也意味着人们消费需求升级的趋势将愈演愈烈。

社交电商和新零售，是一个怎样的创业新风口呢？我们一边分析当下创业者的情形，一边将社交电商和新零售的信息娓娓道来。

1. 5G 时代下的社交优势铸造了社交新零售平台

在 5G 来临的时代，没有人不参与社交。微信、微博、QQ 似乎已经过时，更多的诸如抖音、小红书、有货等新潮平台已出现。随着云集微店、达令家、库店等社交新零售电商的出现，一些传统的电商平台，如京东、天猫等也正在向社交新零售转变。这些平台不仅可以实现一键购物，还可以实现分享赚钱的模式，而这种新的创业模式就是社交电商。

马化腾曾在 2018 年领导腾讯成立了智慧零售战略部。他提出要借助移动互联网智能技术来实行全新的智慧新零售，让消费者可以更方便参与购买。腾讯的这种智慧零售采取的是智慧组合拳的模式，包括腾讯云、社交广告、优图 AI、微信（公号、小程序、微信支付）等，大有攻占社交用户心智的趋势。

实际上，早在 2016 年阿里就大举进军"新零售"，采取的方式是"胡萝卜加大棒"，胡萝卜指的是资本，几乎每一家规模达到一定体量的线下零售商都收到了阿里的投资邀约；大棒指的是，阿里亲自做线下零售，从 2016 年 1 月开设第一家盒马鲜生线下店后迅速扩张。

刘强东也曾提出京东要走向无界零售的模式。2018 年京东开始实践这种新零售方式。经过一年多的试验，2019 年 3 月 18 日，京东的无界新零售模式取得了阶段性成果。京东零售集团轮值 CEO 徐雷在京东新通路 2019 无界零售行业峰会上表示，这种新零售也代表着京东无界零售已经进入收获期。

一大批成功案例正在逐渐走向规模化实践，例如京东家电专卖店、京东之家、京东便利店、7FRESH、京东曲美时尚生活体验馆，与沃尔玛等众多线下连锁品牌打造的科技门店等，正成为可供行业借鉴的"范本"，这些新零售正在借助全渠道触达方式，给用户带去"更新鲜和更便利"的认知。

社交新零售没有空间和时间限制，从中获利者可以解放自己的肉身，不必朝九晚五，没有固定上班场所，你的手机就是赚钱的工具。

例如，云集微店——平台汇集了所有机会和好产品，您只需要选择自己合适的时间去经营这份事业即可。

此外，社交新零售平台与传统生意不同，你无须投入过多的资金，也无需为工厂生产操心，只需要用心运营和吸粉，就能够开展一个无店铺高收益的事业。

2. 用户消费行为出现变化

进入 2019 年，微信月活跃用户已经突破 10 亿，是电商巨头淘宝的 2 倍之多。小程序的入场又使得服务和电商在微信的落地变得更加简洁，这一切都为以"人"为核心的社交电商提供了新切入点，使社交电商生态形成良性闭环。

实际上，这一切的根本原因来源于消费者的行为出现了变化。层出不穷的新产品带来了快速迭代的娱乐方式和信息获取方式，用户在手机上的行为越来越碎片化、多元化，这种变化让用户的追求更多样化、个性化，更热衷于在社交软件上分享和获取信息。

用户的这种行为变化无疑会带来商业模式的变化，用户在哪，需求就在哪，商机也就在哪。而社交零售电商也就应运而生。

3. 通过社交获取流量，完成商业变现

现代年轻人天生有一种分享欲，而这对于依托社交、社群的本能来开启的事业就变得容易多了。平台上的产品应有尽有，成为店长后购买有优惠打折，把原本生活的一部分变成事业的一部分，让分享不再是简单的分享，它还能为你带来更丰富的人脉、财富，实现人生价值。

在社交电商的洪流下，通过"晒日常穿搭""测评心水好物"等吸引粉丝，打造自有流量中心，通过偶像效应来卖货，成为社交网红（达人）的日常。

社交电商重视的是用户的社交关系，打造的是以"人"为核心，社交媒介为"场"的新零售模式。

从中不难看出，对商家或平台而言，社交对电商的本质价值就是利用去中心化的方式获取低成本流量，带来用户的裂变式增长。

尽管低门槛、大流量的社交新零售正在蔓延，但是如果不懂得社交电商和新零售的落地操作和运营方案，终究也会错失这一新风口。本书从社交电商和新零售的产品输出、引流吸粉、社群运营、视频直播、扎心文案、活动促销、信任机制以及团队裂变板块出发，全面介绍和剖析社交电商的做法。结合大量实际案例，用图解流程模式，给创业者带来一个系统的、全方位的社交电商创业版图。

最后，我要感谢那些为这本书顺利出版提供各种帮助的人，他们分别是邱爱龙、郑珍、金晓薇、程圆媛、陈妍言、黄梅、范迎芬、夏青、燕大、蒋清昀、杨春莲、葛梦慈、李万丽、牛牧童、酒神小伟、李璇画、岑燕、张波、范加凯、孙燕、王曼、孔令伟、舒晴、黄永进、徐雨停、刘艺霏、刘雯、马嘉悦、谢贵群、陈珊珊、彭双双、莫艳、康娟、曾丽萍、陈丽珍、李婷、牛牧童、米大、吴晓晓、香香公主、罗文燕、罗文燕、爽哥哥等，正是有了他们无私的帮助，这本书的写作和出版才得以顺利完成！

郑清元

实体店如何借助运用社群与社交电商平台形成异业联盟

2019 年线下实体店如何借助社交电商平台进行破局？

首先实体店有三大优势：有钱、有货、有经验。

而实体店最大的痛点就是：缺流量，缺有价值的流量。

那么实体店如何运用社群营销与社交电商平台形成异业联盟，从而解决最大的流量问题？

实体店想要与社交电商平台形成异业联盟需要有三大核心：

1. 超级用户思维，就是用户的认知、观念思维。

2. 搭建本地化流量池，用微信群的方式为本地会员提供价值以及举行本地化线下沙龙，增加商家与消费者（社交电商平台会员以及消费者）之间的客户黏性。

3. 实体店商家针对社交电商平台会员给出一定的优惠政策进行异业联盟，让社交电商平台会员越来越值钱，同时帮助实体店解决流量低的问题。

那么商家如何利用社群营销来与社交电商平台形成异业联盟？

第一步：建立一个由社交电商平台会员以及消费者组成的社群（本地化的）；

第二步：在建立社群之前设定社群文化以及社群群规；

第三步：构建社群的人员架构，社群人员工作分配；

第四步：邀约本地社交电商平台会员以及到店消费的客户进群；

第五步：每周做一次线下沙龙活动，增加客户的黏性以及信任度；

第六步：每周不定时在社群进行话题沟通交流以及主题分享等。

例如 2019 年我亲自参与的社交电商平台蜜芽，在 2019 年三月中旬开始全国实行商家异业联盟，只要商家是蜜芽 plus 会员，那么蜜芽 plus 会员到店消费基本 9 折，在本店开通蜜芽 plus 会员到店消费打 8.5 折，到店注册蜜粉就送一瓶饮料。

这样的好处是帮助实体店多一份渠道收入变现，同时当地的社交电商平台到店消费有优惠，以及帮助实体店增加有效客流量，只要商家服务态度好，基本就可以形成口碑营销的宣传。

就好像微信的创始人张小龙说让用户带用户，让口碑赢得口碑

同时在当地商家的异业联盟越多，社交电商平台的会员以后在当地去理发、购买服装、吃饭、住酒店、美容、去医院看病，都因为你是平台的会员会有一定的折扣以及享受会员的服务待遇等。（真正做到人脉资源共享、线下实体店与线上社交电商平台融合不整合的境界。）

首先，实体店与社交电商平台的异业联盟对商家有四大好处：

1. 增加实体店在当地品牌的知名度和影响力；

2. 增加实体店的客流量，解决实体店当下缺有价值流量的问题；

3. 增加消费者与商家之间的客户黏性以及信任度；

4. 帮助实体店增加一份渠道的收入变现。

而商家如果想要更好地经营服务好本地的会员以及实体店消费客户群体，那么就需要很好地利用线上微信群营销以及线下本地化沙龙等，用心经营你的会员以及客户群体，因为这个时代你的产品可以被模仿，你的店铺和广告都可以被模仿，唯有你和顾客的关系他模仿不了，社交电商时代就是经营人的关系。

吴智银

目 录
Contents

第一章

社交电商成为新零售的核心竞争力

在社交媒体的发展下，社交电商充斥着满满的红利。首先，支持社交电商发展的政策越来越完善，这显然是一片潜力巨大的市场；其次，传统电商获客成本的提高，让以社交为核心的社交电商获得了市场关注；再者，社交电商市场巨头云集，各大平台发展迅速，如礼物说、达令家、小红书、云集微店等等。社交电商必将成为未来多家传统电商平台的发力点，也是新零售战争的触发点。因此，社交电商必然会成为未来新零售的重要核心竞争力。

未来三年，社交电商新零售大布局

产业及社交的成熟，在无形之中推动了社交电商的崛起。在当下的经济社会，主流电商发展的红利期已过去，运营成本越来越高，导致传统电商逐渐朝社交电商转型。同时，随着供应链和支付环节的不断完善，社交途径在很大程度上得到了延伸，人们的生活也被各种各样的社交、视频等元素充斥，这就在很大程度上导致了信息传递、场景应用等变得多元化。

因此，社交电商就此迅速崛起。

1. 2019 年——社交电商的真正元年到来

随着国内电子商务市场交易规模不断上升，迈入 2019 年，各企业都在打着"互联网 +"的口号来进行传统企业的转型。中国电子商务市场，从 2013 年的不足 5 万亿元增长到 2018 年的 15 万亿元。这种庞大交易规模的背后，是电商和物流体系的成熟。

根据相关数据显示，截至 2018 年年底，淘宝天猫的商家数量为二十多万家。线上到平台商家，线下到物流体系，两者融合，落实了交易订单精准，物流配送及时，从而促进了电商产业的成熟。

在 2019 年，社交电商出现了飞速发展。借助社交，低消费水平用户逐渐被挖掘。2018 年春节期间，微信和 WeChat 的合并月活跃用户数量超过 10 亿，这意味着，微信正式成为国内第一个月活跃超过 10 亿的社交软件，微信已几乎成为国民的社交基础设施。随着微信对小程序入口的不断开放，2019 年在微信上线的小程序高达 60 万个，其中包含拼多多、蘑菇街等电商小程序，微信入口的开放，为更多电商小程序打开通往社交电商的大门，为电商提供了基础平台。

以拼多多为例，凭借微信社交平台，使里面的商品信息通过社交的渠道进行传递，低价格产品以及拼团模式得到宣传，吸引了低消费水平的用户，所以仅用 3 年时间，拼多多用户超过了 3 亿，进入 2019 年之后，这个数字还会继续上升。

随着拼多多的上市，在巨大的财富效应影响下，社交电商的市场激情已经点燃，也将成为 2019 年乃至未来三年的重点。

2. 自媒体的崛起给予了社交电商发展的大趋势

进入 2019 年之后，自媒体的崛起和盛行成为一大主流趋势，而在这种崛起之下带动的就是社交电商的生命活力。

（1）在自媒体时代，人们的购物方式由"去购物"变为"在购物"

我们每个人在无形之中都变成了"低头族"，无时无刻不在刷手机。由过去聊天、打游戏到现在的观看短视频、看段子。在这其中，随处可见的商品信息，点开就能直接购买，这种方式让我们时刻都保持着一种购物模式状态。

在过去，我们想购物时，会主动去搜索商品。而现在我们就算原本没有主动的购物欲望，但是在自媒体的刷屏模式下，商品会自动找到我们，因此我们时刻都在"购物模式"之中。

（2）流量社会

当今信息社会是一个流量极速扩散的时代。移动社交最强大的地方来自于信息的高效扩散，如一个搞笑的短视频，会在短时间内被多个社交平台多次转发，裂变，像病毒般扩散，我相信每个人都有过转发信息的经历，这也是移动社交电商的重要特点。在这种冲击下，商家可以获得更有效的推广和更低成本的流量。这会带动社交电商在未来三年乃至更久时间内的扩散发展。

（3）自媒体的发展促成了新的购物生态

传统意义上的购物是没有任何生态圈存在的，主要依靠的是流量带入和用户的需求意识，移动社交电商则是有生态圈的。其生意的根源在于人，人在哪里，交易就在哪里，商品信息会根据你的上网习惯无数次出现在你眼前，用户是被需求的，社交流量决定财富容量。因此，从这一角度来说，互联网经济的未来蓝海一定是移动社交零售市场。

上述三者之间的价值是互相流动的，一方面企业可以通过趣味社交和新鲜资讯获取大量的粉丝，另一方面流量变现会越来越完善，用户在自媒体中寻找快乐的同时，企业也会自行插入营销，各取所需，实现完美的生态圈。

3.90后、00后的消费主体和新技术为社交电商带来了无限生机

如今，90后，00后逐渐成为消费主体，他们生活在互联网信息时代，他们习惯网购，认可网购，追求的是享受型消费，这样的消费升级自然就催生出了巨大的买方市场，为新零售提供了优渥的土壤。

传统的零售本身就存在巨大缺陷，无法更好地适应新的变化，因此新旧更迭的必然趋势就成为新零售的推手。在当前的形势下，单纯的线上或者单纯的线下都已经行不通，只有打通线上线下，让线上销售既有实体店又有用户体验，让实体店连通线上信息与物流，这样的融合才是新零售发展的强大引力。

此外，新技术的发展和应用也为新零售的发展打下了坚实的基础。例如，以大数据分析和阿里云平台为背景和依托，可通过充分搜集、整合、分类、加工和处理已发生的历史消费数据、正在发生的现期消费数据和有可能

发生的未来消费数据，捕捉人们消费偏好的动态变化，这就在很大程度上为厂商、卖家的生产、销售活动提供了高胜算率、高利润率的可能。

此外，随着人工智能、区块链、智能互动设备等不断发展和完善，也为新零售电商的发展打下了坚实的基础。

B2B2C 兴起，站在巨人头上摘桃子

社交电商已经成为社区新零售未来的核心竞争力，但这里所指的社交，并非理论上的社区社交项目，而是指建立于社交网络平台之上的交易。

随着移动终端的全民化以及快速的网速和更低的资费，直接刺激了图文、直播、短视频等多元化社交媒介的兴起。在此基础上形成了各种各样的"经济体"，例如：网红经济、KOL 红利、社群红利，启发了一批批具有用户心理洞察力的创业者，开始利用社交媒介来进行去中心化模式的创业。

很显然，这是一条崭新的赛道。在这条赛道上，出现了一大批新的玩家，例如环球捕手、小红书、拼多多等等。社交电商的创业者也层出不穷。因此，一种社交电商的创业模式：B2B2C 就兴起了。

什么是 B2B2C 模式？举个例子，我们以万达为例，万达广场是第一个 B，在万达广场租有店铺的品牌商是第二个 B，而最终品牌商是为了消费者存在，也就是 C。在社交电商模式中，以云集微店为例，第一个 B 是云集微店平台，第二个 B 是店主（社交电商创业者），而 C 就是消费者（见图 1–1）。

例如，2016 年 4 月基于微信生态圈的社交类零食电商平台环球捕手上线，即属于 B2B2C 模式——小 B "商家"从大 B 的商品库（平台）选择适合自

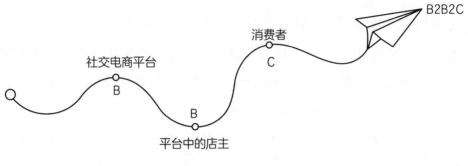

图 1-1　B2B2C 模式

己售卖的商品，形成自己的小商家。小商家仅负责流量获取及分销，供应链以及其他服务由平台来负责。该平台主营零食、保健品、母婴等食品和生活用品。

为什么这种 B2B2C 模式会兴起呢？因为基于社交平台的电商交易更加吸引用户，也会成为未来传统电商的转型机遇。

1. 传统电商市场出现饱和，难以进入赛道

为什么传统电商出现了饱和？

（1）传统电商平台很多店铺都在亏损

传统电商品牌以京东、天猫、苏宁等为代表。这些传统电商，已经牢牢地占据了中国互联网这块市场。另外，垂直型电商如唯品会、国美、当当等在各类更加细分的跑道上坚守，传统电商在各个方向上——流量、运营、渠道都占据了电商行业的制高点。

然而这看似美好的画面，却暗中藏有玄机。因为一些数据显示，阿里有超过 90% 的店铺长期处于亏损状态。在这样的情况下，无论是从商品的品类还是商户的生存情况来看，传统电商这个赛道都已经相当饱和，初创公司缺乏切入赛道的机会。

（2）传统电商的较量成本较高，新创业者无力竞争

传统电商的竞争越来越加剧。从 2015、2016 年阿里巴巴成立菜鸟联盟与京东物流的线下布局形成抗衡之势，从京东、天猫和优质淘宝商家先后在全国各地展开次日达的基础服务，从腾讯京东合作深挖社交红利到支付宝多次改版指向社交等，通过这些事例可以看出巨头们先后在软硬件、物流体系、流量支持方面完善布局，耗费的财力、精力、技术投入都是相当巨大的。

仍以阿里巴巴为例：在用户基数非常巨大，增长速度放缓的情况下，获客成本势必不断升高，除获客成本以外，电商在税赋、仓储物流方面的成本也在不断地提升。根据相关数据统计，阿里巴巴实际税率在四年间提高了8.6%，可见这样的规模和成本是新创业者很难支撑的。

2. 社交新零售兴起：水果店老板用微信卖水果已是常态

基于社交平台兴起的新零售越来越受欢迎。在社区新零售市场，需要利用微信社交与传播的功能来做辅助经营。例如，有很多水果店店主，把周边来消费的邻居全都加为好友，然后利用微信做营销传播和线上配送，可以获取很好的交易额。

这是一种非常简单且不具成型的社交新零售方式。社区新零售要想做大，必须要有一整套标准化、可输出的社交新零售解决方案，这个问题或许可以从微商市场寻求解决方案。

同时，在未来，社交新零售还会出现一个新的发展趋势：微商→社交电商→社交新零售，基于社交关系的零售服务在与零售业同步进化，最初的微商是通过线上社交关系进行产品销售，之后延伸出的社交电商则是利用线上社交关系进行传播与销售，例如出现了拼多多、云集微商、网易推手等。如今的社交新零售则是提升了线下场景的重要性，利用线上社交关系与工具反

向带动线下社区消费的黏性和频次。

3. 站在巨人头上摘桃子

事实上，无论是用微信卖水果的店老板，还是环球捕手、云集微店、小红书等此类社交电商，都是"站在巨人头上摘桃子的玩家"。在各大"前辈"费尽心力完成基础设施的布局、流量的聚集，用户习惯的培养、付费意愿的提升之后，社交电商才得以用一个较为轻松的姿态进入电商圈子。

为什么微商都在朝着社交电商新零售平台转型

众所周知，微商是随着微信发展起来的一种卖货赚钱模式。创业者可以借助朋友圈来推销自己的产品，发展自己的团队，做大自己的品牌。但是随着社交电商平台的普及，微商们逐渐开始转型。

2017 年下半年，微商团队水娃集团也正式宣布向社交电商平台转型。并且提出了以社交电商平台为方向的四个"新"，即新营销：营销要更加生活化、落地化、人格化；新平台：平台要多元化、内容化、娱乐化；新管理：从人性化、精细化、目标化三方面做管理；新教育：个性化、系统化、目标化。

无独有偶，2018 年 3 月，摩能国际（微商团队）转型社交电商新零售平台。摩能国际是众所周知的最大微商团队之一，麾下团队在 50 万以上，其团队创始人黄子珊宣布摩能国际开始转型社交电商新零售平台，这标志着微商将平台化，最终会被社交电商新零售平台取代。

为何社交电商新平台能够产生如此大的魔性，让大量微商奋不顾身投入其中？

1. 微商面临的困局

在微商的商业模式中，随着越来越多的人进入微商，让微商变成了消费者不信任的模式。可以说，微商的发展还没有成熟就要倒下。

（1）微商变成了毫无"标签"的业态名称

在微商行业太重视"微商"这两个字，太害怕微商被人瞧不起，使得微商变成了一个毫无"标签"的业态名称。

当我们说起电商时，很多人都能够说得头头是道，但是微商呢？

微商是什么？是招商、裂变、引流，还是培训？这些都是技战术层面的问题，真正的商业体系是从产品到渠道到销售的一个逻辑性很强的体系，而所谓的裂变或者培训等，都只是涵盖在"渠道"之内，都是渠道促销的各种各样的手段而已。

（2）微商不再是草根化，各大商业精英对微商进行了另行改造

微商发迹于草根的属性，让这种业态很难用太专业的方法论加以总结。此外，随着蒙牛等一些大企业进入微商行业，让微商不再草根化。

微商的结构极其不稳定，行业里每天都会发生"你挖我""我挖你"的事情。很明显，没有哪个企业是靠挖渠道干大的，这种方式本身就是错误的。大品牌入驻之后，微商的性质也跟着发生了变化，不再是草根化的"你争我夺"，而是成为大企业的一种战略部署，微商逐渐在被各大商业精英洗牌。

（3）微商盲目建厂，不成熟的行为加速微商"死亡"

有很多微商品牌方，因为短时间的销量增加，同时又受制于供应链资源的不稳定性，竟然开始盲目建厂。实际上，这种方式非常不稳定且不成熟，不成熟的渠道是无法支撑一个工厂的。这些都加速了微商"死亡"的步伐。

2. 微商嫁接社交化营销方式的可能性

我们应该清楚地认识到，微商也是一种零售行为，只不过微商的体系，是通过线上的方式建立起来的，是通过社交化的方式推广的。唯有零售，才能产生销量，只有重视零售，才能获得真正的增量。

　　社交新零售，是未来发展的趋势，它会带来很多方面的联动，经过微商多年的普及，现在的微商可以在原有的传统零售体系的基础上，嫁接社交化的营销方式。社交新零售本身就是新老营销方式的结合，明确新老营销方式的优缺点，然后根据企业的自身情况有序组合，才是社交新零售的核心关键。

　　社交新零售，对微商来说，其优点在于社交化营销。有了社交化，实现了人人链接，营销成本变得非常低廉，带来了颠覆式的成本结构变化。所以，对于微商企业来说，做好自己的营销工具包，将社交化营销的方式方法形成一套可执行落地的办法，通过社交化营销真正地实现动销，将会极大地实现营销增长。这也是微商转型社交新零售的一个转折。

商场导购→朋友圈代购→网红带货→社交节点裂变分销

社交新零售的出现是一个过程化的进程，并非一蹴而就。下面看一下零售的发展变迁：

从零售业出现以来直到现在，零售的变革从走街串巷的叫喊到规模化的商场导购，再到互联网风起云涌的网购以及网朋友圈代购，直到现在兴起的基于社交的商业模式，例如网红带货、KOL意见领袖推荐等（见图1-2）。

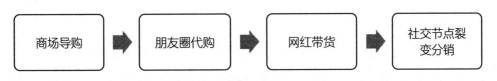

图1-2　零售业的发展进程

随着时代和技术的改变，零售行业的标志性模式也在不断发生改变，但是核心都在于以"客户为上帝"，其不同主要在于如何更加有效地为商品提供背书，刺激消费者的购买欲。

以环球捕手为例，这就是一个以社交裂变为核心切入零售市场的社交电商平台。通过流量的裂变来得到巨额流量支持，在这个基础上开拓了零售、生鲜产品（高需求量、高利润），然后通过牺牲掉部分利润获得更高份额的成交量，把每一个裂变的节点纳入自己的用户源中。截至 2018 年环球捕手的商品交易总额突破 100 亿元，成为社交电商市场中的一匹黑马。

1. 从社群黏性到裂变

从国外的 Facebook、Twitter 到国内的微博、微信等，以打造社群为核心的互联网产品快速融入人们的生活。

这些社交平台看似是聊天、吐槽的地方，但被很多创业者用于粉丝裂变，通过让成千上万人相互连接，形成获客与裂变非常有效的工具。在这一点上，早期的雷军、大鹏都是这样做的。

这就是社群经济的力量。

社群经济是做一群人的交易，而不是单个人的交易。社群经济本身有一个 4C 理论，这个 4C 是指：

·场景（context）；

·社群（community）；

·内容（content）；

·连接（connection）。

换句话说，在合适的场景下，针对特定的社群，通过具有传播力的内容，利用社群结构连接人与人，从而快速实现信息的传播，获得有效的扩散（见图 1-3）。

例如你是卖土特产的，你可以在微博或者微信建立一个群，并时不时地选择一个特殊的场景或者时机，在群里传播土特产的优点、食用效果（抗衰老、美容养颜等）、优惠信息等等，从而实现了一种信息传播，力争成为群里的其他人可能会转发的朋友圈或者微博超级话题，然后这样就形成了一个超级的辐射圈，你的土特产就会在传播上更具有扩散性。

社群经济主要是将用户黏性转化为社群裂变，从而产生销售突破。用户

场景　社群　内容　连接

在合适的场景下，针对特定的社群，通过具有传播
力的内容，利用社群结构连接人与人，从而快速实
现信息的传播，获得有效的扩散。

图1-3　社群经济的"4C理论"

黏性即指传播营销中客户的忠诚度。

社群是移动互联网背景下最好的转化、裂变的营销手段，社群经济将是未来一个重要的经济模式。

2.社交裂变的三个特征

社交电商的发展依靠社交裂变。而社交裂变都有哪些特征呢？

（1）用户社交关系链高度密集

在这一点上，我们举个例子，比如一个地区举办一个新媒体大会，所有参加的人都拍下照片发到朋友圈，结果基本上整个地区互联网圈里做此相关工作的人，就会知道这场活动，因为人群密集度很高。

因此，每次做裂变的时候，社交电商的创业者都应该把重点放在属性集中的人群。

（2）节点 KOL 效应

在社交化的当下，每个人都是社交关系链中的一环，但是有些人的势能会比较大。比如说在做自媒体这块，寻找引爆点会尽量找老罗、秋叶老师等影响力大的人，因为这些人自带光环和信任背书。

从引爆节点产生的效应来说：10% 的用户分享能够带来 80%~90% 的收入，80% 的用户转发没有带来任何收入。

（3）各垂直行业下的"互联网社交化"进程不一

我们必须知道，各个垂直领域的互联网化进程是不一致的，这是很多市场产生革命变化的原因。如果出现一个刷屏的东西，拆解一下融合进自己的行业里来做，引爆的可能性高达 99%，关键在于如何更好地与自己的行业融合。

社交电商要在社群里以最快的速度裂变，就必须要把握以上这三个特征。

社交电商传播方式是以"品质"为核心

在传统零售中，我们都知道，品牌的力量是很强大的。换句话说，通过品牌的力量来进行促销往往会有很好的效果，而这些品牌产品通过扩大边际效应能够有效地控制成本。而那些不具有品牌效应的产品生存起来就非常困难，具有品牌效应的产品能够更快地实现资本的积累。

因此，在传统零售或者电商中，企业往往更加倾向于毛利润高同时又具有良好品牌效应的产品。

但是，在社交新零售下的今天，这种以品牌为核心的发展出现了变化。在社交电商背景下，原有的备货逻辑不在适用，因为在社交关系中那些不具有品牌效应的商品也能够获得信任的背书。换言之，性价比高的商品能够获得很大一部分消费者的青睐。

为了实现性价比，社交电商如何去做呢？针对环球捕手上面的创业者，必须通过更加健康、更加具有价值的方式改造供应链的上端，来满足他们。环球捕手通过深耕供应链来保证货物的品质。环球捕手"中国田"计划通过对接优质品原产地来实现品控，例如，环球捕手将"即食肉类"的供应链触手伸长至西藏当雄等原产地，通过以扶贫为核心的战略合作保证供应链上端商品的品质。

因此，社交电商的传播方式中，主要以"品质"为核心。

1. 根据消费者认知来选择产品

随着经济的增长，消费者对"货"的体验、对货的个性化需求越来越高。根据消费者认知设计或者来选择商品，成为社交电商的一种新的方式。

社交零售的创业者可以根据社交圈的调查，发现消费者普遍喜欢的产品，也能从这些渠道中获取消费者对产品品质的需求和条件。创业者们可以根据这些要求来选择供货商，甚至还需要亲自去厂家考察选择物美价廉的产品。

这样的模式可以大大增加消费者对社交零售的好感，他们从社交平台中通过朋友推荐买到的产品恰恰是自己需要的，且品质较高，这种体验是每个消费者都需要的。

当然了，创业者获取消费者的认知和需求是最重要的环节。

（1）社群了解

创业者可以通过一些微信群、微博群来了解群成员对产品的需求。这样的方式虽然精准，但是过程缓慢，且比较零散。

（2）投票获取

创业者可以通过在线上举行一些投票活动，例如选择三个同样功能的产品，让粉丝或者网友投票，从投票数据观看消费者的喜爱程度。

（3）有奖问卷

创业者可以在线上举办一些有奖问卷调查活动，这样可以快速精准地了解消费者的喜好。但是这种方法需要创业者付出大量的时间和精力。

（4）互动获知

创业者还可以在社群或者微博中与粉丝互动，通过互动、评论等方式来获得消费者的喜好。

根据这些方法获取了消费者的认知和喜好之后，从事社交电商的创业者就会知道该从何处着手进货，选择供货商，以此来保证商品的品质。

2. 对接优质品原产地实现品控

社交电商创业者想要实现产品品质上的保障，最重要的一个方法就是直接对接优质品原产地，实现品质把控。

前面提到的环球捕手就是如此行事的。再来举个例子，假如你是一名社交电商创业者，你想要通过各大社交平台来卖货。那么首先，选择加入社交电商平台，这需要你看好这些社交平台对接的商家和产地是哪里，必须要保证产品品质精准。其次，你可以直接和商家合作，这需要你挑选优质的商品货源供应商，从而实现直接对接，实现品质把控。

如此一来，消费者在你这里买到的产品就是高品质的，自然就会对你产生黏性和归属感，那么回单率也会变得很高。再者，通过粉丝的辐射分享和传播，你的人气也会更旺。

3. 品质来源于产品的特色

无论是加入社交电商创业还是自己依靠社交平台卖货，都必须要保障你的产品有特色，有优势。

这里有四大产品卖点和特色（见图 1-4）：

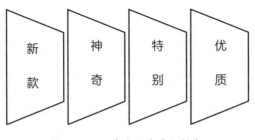

图1-4　四大产品卖点和特色

这四个卖点是产品的核心卖点，要精准地找出产品的核心卖点，与众不同才能有更好的销量。

对于优势，不管是技术、品牌，还是产地等，都可以。没有优势就没有稀缺性，就很难吸引人，这也是社交电商中对产品品质的一个要求。

有了产品的品质，社交电商的传播方式就会以辐射性扩散，也才能让更多的消费者知道你的产品，从而产生购买行为，扩大你的营销范围。

"分享"成为社交电商的核心标签

传统电商是依托用户内在的目标导向性，导致其在某一个平台产生购物的行为，传统电商通过这个逻辑各自形成自己的特色，实现对不同种类的商品的卡位、跑马圈地的效应。最典型的例子如京东的3C、唯品会的折扣衣物、淘宝的包罗万象与高性价比等。

在社交电商时代下的社交零售则不同，社交电商平台通过体验式消费加上商品在社群和朋友圈等不同的场景传播，实现商品销量的提升。通过利用社交节点，实现了以分享为核心的消费行为，避开了传统电商布局，具有先发优势。

从这一点也能看出，在社交电商中，分享是核心标签，没有分享就没有钱赚。

1. 开启分享赚钱模式

社交零售驱使下，很多创业者只需要注册一些社交电商平台就可以成为坐拥数个品牌的店主，消费者买产品你会获得佣金，此外，你还可以通过用户的分享来赚钱，例如网易推手的操作。

网易推手是网易旗下社交零售平台，汇集网易考拉海购和网易严选海量精品，注册成为推手，相当于拥有了一家自己的网易品质生活馆，可以任意选择经营全球数十万大牌商品，既能自买省钱，又能分享赚钱。

再例如红人装 App。红人装结合当下分享经济＋网红经济，不改变消费者原有在淘宝天猫的消费习惯，就可以通过红人装自用省钱，分享赚钱，你拥有的粉丝越多，你的收益越大（见图 1-5）。

图 1-5　红人装 App 下载页面

看一下，其分享赚钱的做法：

第一，在"分享赚钱"里生成红人装个人二维码，保存到手机相册。

第二，将二维码群发分享给微信好友。

群发步骤：

①在自己微信里点击右下角"我"；

②点击"设置"；

③点击"通用"；

④点击"辅助功能"；

⑤点击"群发助手"；

⑥点击"开始群发"；

⑦选择客户，如果少于 200 人，可以按右上角的"全选"；

⑧选好人数后先发个人二维码再发文字。

粉丝关注你以后在"红人装公众微信"里会有提醒谁关注了你（终生被你锁定），然后再单独交流，让你的粉丝下载红人装 App——可以通过产品截图对标或者用文字说服对方下载红人装 App。

第三，当用户下载好以后，把"通过红人装进淘宝购物拿现金返佣的三种方法"教给你的粉丝，让对方也省钱。然后再把你的粉丝邀请到群里，告诉对方每天都会有专业的老师指导。当粉丝进群以后看懂了红人装，她也会按照以上做法来操作：生成个人二维码—群发好友—关注下载—指导购物—邀请进群—了解清楚—重复前面的操作。如此一来，你的粉丝就会裂变得越来越多，你的收益也会越来越多。

2. 分享经济与社交零售

以前传统的社交行为所产生的零售，我们很清楚，通过社交产生销售之后，销售的利润收益并不属于我们。

那么，我们可不可以把这个利用了我们自己的人脉信任和专业所促成的交易，以及所产生的利润归于我们自己呢？这是有可能的。分享经济就恰好解决了这一难题。

　　这个时候就引出了一个新的概念：分享经济。分享经济在社交零售方面被运用得非常完美，例如达令家这个社交零售电商平台。

　　达令家通过平台整合，把后端优质精选的商品供应链和前端愿意分享的人们串联起来，让人们可以把自己认可的好的商品分享给身边的朋友，而从中又能赚取一个合理的利润。

　　除了优选的产品种类以外，达令家在品控上要求十分严格。达令家采取的是严格的正品控制体系，对上架的商品以及品牌采取一个淘汰的方式，退货率以 0.5% 为界限，退货比例高于其他的商品会优先下架。

　　达令家和别的平台不一样的是一旦你成为店主，你不但可以以店主最优惠的价格购物，还可以在任何渠道去进行分享销售，成交后福袋的差价以及平台商品 6 折到 9 折所产生的价差就是你的利润。并且所有的商品不用你再多花一分钱进货囤货压货，也不需要你打包发货，甚至连呈现商品的各种视频图片文字素材达令家全部为你准备好了，你可以用最简单便捷的方式开启分享经济中由消费者转型为消费商的创业。

　　另一方面，你还能够帮助你身边的人自购省钱、分享赚钱，你可以把福袋推荐给朋友，朋友通过购买达令家福袋后在达令家里就和你身份绑定了，相当于你开了分店，并且朋友再邀请朋友购买福袋，也相当于你开的分店。当你开的分店数量达到 10 家的时候可以升级为达令家的粉钻店主，享受每一个福袋销售的利润升档；当你开的分店数量达到 600 家的时候，你便可受聘为达令家的管家，管家享受所有分店的福袋、商品销售业绩奖励，而这种分享获得的利润也是非常高的。

　　可见，社交零售电商的分享模式更加健全，不但可以惠及用户，让你的好友以分享价购买产品，还能够让成为店主的创业者获得相当高的利润。这样的方式也是社交电商在未来的一大竞争优势。

吃透社交电商的四大类型

我们可以这样理解社交零售：社交零售是社交工具及场景赋能零售，是以个体自然人为单位通过社交工具或场景，利用个人社交圈的人脉进行商品交易及提供服务的新型零售模式。

社交电商成为这种新零售的核心竞争力，想要通过社交零售电商来赚钱，成为一个成熟的创业者，必须要知道社交电商的四大类型：

1. 在社交电商下转型的微商

传统微商的主要特征是：以单品牌少量 SKU（最小库存量单位）切入，用线下传统分销结构在线上分销商品，即以"个体自然人"代替"传统实体渠道各层级分销商"。

实际上，这也是社交电商导入期的早期生意模型，2012 年发展至巅峰，2014 年遭遇断崖式下跌，主要原因是由于这种模式下充斥着非常多的假冒伪劣产品，以及多层级分销囤货严重。

而在新型社交电商日渐成熟的情况下，微商也转型进入社交零售领域。以把关品质，打造高品质产品链接为基础，通过社交平台和社交电商平台为主的渠道销售，获取利润。这种方式也会是未来很多创业者的选择。

2. 社交内容电商

什么是社交内容电商？其主要特征是：以个人为中心，通过直播、微信等工具，基于产品提供具有一定价值的内容，从而实现销售转化变现。

典型的案例是网红在抖音、秒拍、一直播等平台直播口红试色，从而销售口红。这一类型呈现数量大、单个体量小、零散的态势，相当于个体户，其实本质上还是中心化。

3. 社交分享电商

社交分享电商的特点是：平台通过利益机制设置鼓励个人通过社交媒体成为商品推广者，平台因此极大程度上降低流量成本，快速实现销售增长。

这种类型的典型代表是拼多多，拼多多鼓励用户拼团获取产品折扣，低成本拉新（用户），迅速实现流量几何级增长。当然，也有些品牌将这一模式作为零售补充渠道，比如万科的业主卖楼等。这一类型的零售依然是中心化、平台化。

4. 社交零售平台

这是一种基于社交电商的最合理的模式。这类模式一般需要整合供应链多元品类及品牌，开发线上分销商城，招募大量个人店主，一件代发。

社交零售型电商平台的典型特征是：零售去中心化。社交零售型电商平台从平台运营、产品结构等维度也可细分出几种不同的类型。

从运营维度上可以分为三种类型（见图1-6）：

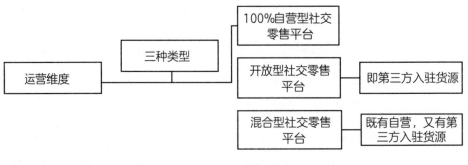

图1-6　运营维度

从货品维度也可分为三种类型（见图1-7）：

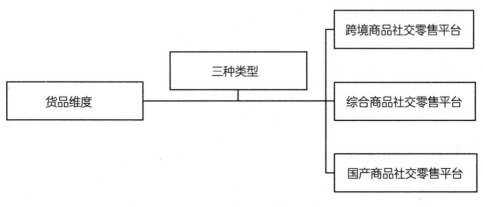

图1-7 货品维度

目前社交零售平台有：达令家、云集等平台。达令家新社交零售模式，深度整合供应链资源，持续升级供应链，全球品牌研选，后端（Made）厂牌直出，实现工厂制造到社交零售。

同时，像达令家这样的社交零售电商平台还制定了合理健康的渠道运营机制，并提供高品质开店素材库、专业产品知识培训、精细化运营推广培训、贴心顾客服务保障、专业法律队伍护航、诚信风险等保障，让每一位用户轻松成为社交零售专业卖家，无须囤货、无须发货、无须上新、无须售后、专业培训、开店即卖、即时提现。

第二章

产品输出：直接与商家合作搭建优质供应链

　　尽管社交电商是以社交为基础前提的电商模式，但是却与微商的老路径全然不同。我们需要搭建一个完善科学的产品输出链接。在产品输出中，社交电商中最关键的一点就是挑选产品。社交电商创业者自己不能生产产品，必须要从平台挑选产品。这需要寻找有信任力、专业的供应商和品牌商。最好的方式是直接与商家合作，搭建一个优质的供应链，给用户带去产品上的保障。

建立一个合理的产品供应链

社交电商触发了很多创业者的梦想。过去传统的微商模式已经达到市场饱和，甚至没有更广的发展空间。以人为中心的社交电商模式兴起，很多创业者纷纷加入其中，通过社交方式来攫取新的红利。

在社交电商的创业过程中，首先离不开的就是产品。不同于传统电商，社交电商创业者不需要自己生产产品，而是直接与品牌商对接，形成一个产品供应链，即去中心化。这样的模式不但让消费者更加放心，而且对社交电商创业者来说也更加有益。所以，社交电商创业者在输出产品方面首先就要建立一个合理的产品供应链。我们以每日优鲜和腾讯合作的"每日一淘"社交电商平台为例，看一下产品供应链有多重要。

每日优鲜，在大城市非常火爆。这是一个围绕着消费者餐桌的生鲜O2O电商平台，它覆盖了水果蔬菜、海鲜肉禽、牛奶零食等等的全品类。每日优鲜，在主要的城市建立起了城市分选中心，通过家长社区配送中心的极速达冷链物流体系，专门为用户提供全球生鲜产品的极速达冷链配送服务。每日优鲜的体量比天猫和京东自营的生鲜体量加起来还要大。

在去中心化共享社群这个时代的大趋势下，每日优鲜和腾讯联手打造了"每日一淘"，致力于将每日优鲜背后的品牌团队技术和供应链资源实现共享，链接去中心化的社群，致力于帮助每一个有梦想的小创业个体享有社交电商创业的大舞台。

"每日一淘"的运作模式是这样的：

用户只需要 60 秒钟就可以注册成为每日一淘的 VIP 会员，且是终身制，可以享受 VIP 待遇，而且直接可以开店。平台给创业者返佣、送福利、提供创业机会。让这些会员成为消费者的同时还成为经营者，可以赚钱。也就是消费者从以往单一的消费者身份转变为消费商（见图 2-1）。

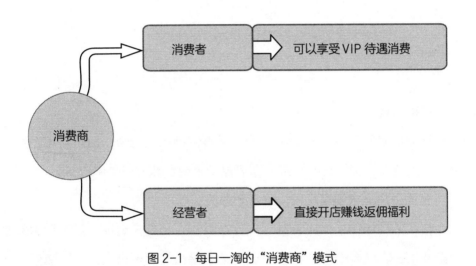

图 2-1　每日一淘的"消费商"模式

下面主要来看产品。在每日一淘上面，创业者如何建立产品供应链呢？

我们先看一下每日优鲜的产品链：用户在平台付款，然后每日优鲜会将订单直接反馈给水果的零售店，然后给消费者发货。而在每日一淘中，工厂直接对接的是消费者，这就省去了批发商、代理商和零售商等多个环节（见图 2-2）。

这个产品供应链主要的特点是：源头直采、正品保障、无忧售后。

所以，社交电商创业者的产品供应链必须是去中心化，并且采用源头直

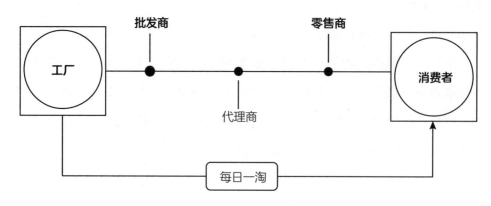

图 2-2　每日一淘的产品供应链

采的。对接的是品牌、工厂。

　　在社交零售驱使下，社交电商的产品直供链是大趋势，但是对每个创业者来说，还应该有更优化的方案，即搭建一个更合理的产品供应链。

1.直面用户需求快速反应，整合产品线

　　在传统的市场中，供应链管理是什么呢？它是指在满足一定客户服务水平的条件下，为使整个供应链系统成本达到最小，而把供应商、制造商、仓库、配送中心和渠道商等有效地组织在一起，进行产品制造、转运、分销及销售的管理方法。

　　在社交、移动等新型元素快速渗透的当下，这种传统的供应链管理产生了重大变化，特别是社交电商的创业者，必须要直面客户的需求，这就需要他们有快速的市场反应，及时发觉客户需求点，迅速整合产品线。

　　整个供应链倾向于更直接更扁平化的点对点的联系，而不再像金字塔形的层层叠加。

　　社交电商是基于人的实际需求去输出产品的，传统电商则是自有货物的

囤积与消耗。传统电商的供应链仍然是以厂家自身的产业链为主，整个供应链的周期会比社交电商长很多，对存货周转率的要求也更高。社交电商创业者必须要清楚，社交电商面对的用户要求很高，尤其是对产品的时效要求，所以存货周转天数必须要短。

2. 社交电商产品供应链更新迭代快，需要多样化

随着社交软件和社交行为的"暴增"，人们对于产品的要求和需求是不断加快迭代。因此，创业者也必须要对社交电商的产品供应链采取多样化的操作。

社交电商的供应链应该更加具有多样性，社交电商的产品更新迭代速度非常快，这就决定了在供应链的选择上也要更加多元化。举个例子，在抖音上，大家都在晒一款"小猪佩奇"的手表，那么对于社交电商的创业者来说，就要抓住这个网红爆款的特性，及时与厂家达成合作，采取更加多样化的采购和销售。

在变化多端和需求多变的社交场景下，社交电商的创业者必须要在产品供应链上抓住时机，抓住变化，抓住爆款，这样才能更加有前景。

3. 搭建合理的物流链是做好社交电商的重要一环

社交电商的创业者必须要重视物流在供应链中的重要性。社交电商的供应链中，虽然没有生产制造环节，但是多了配送环节，所以除了供应商关系外，另一个核心就是仓储、物流环节。

在很大程度上，社交电商的物流管理，决定着每单履约成本的关键所在。在物流配送上，社交电商创业者可以选择自建物流（有能力的条件下），而大多数是外包给物流公司（第三方物流）。社交电商创业者想要把仓储物流成本控制在较低水平，可以采取以下两种方式：

（1）在保持竞争的同时向优质供应商集中业务，以规模效应换取议价能

力。这样做的好处是可以获得较低成本的优质物流服务，让整个产品供应链形成完美闭环。

（2）提高自身经营水平、降低物流成本。社交电商创业者还应该从自身条件出发，把有限的优势资源集中于自己的核心能力上（产品输出），提升自身的竞争力。在仓储物流等供应链环节，应该把重心放在有效控制和集成管理方面。

挑选有差异化的品牌，给用户带去"不一样"

社交电商时代下，在产品输出环节中，创业者需要给用户提供优质的产品。在上述科学的产品供应链的基础上，我们还需要来点差异化。

社交电商不同于传统的中心化平台电商，社交电商是个相对封闭的系统，社交电商的产品也必须要具有非常明显的差异化，才能有竞争力。

消费者不会像置身于淘宝等中心化平台一样去搜索和比价，而且社交电商是基于社交关系的传播，自带信任属性，所以有非常高的转化率，渠道、用户、产品需要极度匹配，才会有好的效果。

1. 区别于传统电商渠道的产品

如果说仅从产品本身来看，是无差异的，但是从选择产品的渠道上多了一些差异化。

假如你是做食品的社交电商创业者，必须要找到差异化的进货渠道。例如，你可以做新鲜短保的高品质食品，这可以区别于传统线下渠道和平台电商的长保休闲食品。

之所以要从短保食品做差异化定位，主要有三个原因：

（1）食品短保化是未来消费者需求和行业发展进化的趋势；

（2）与公司内其他渠道的产品形成差异化，尤其是可以避免与线上渠道之间发生相互竞争；

（3）食品是使用高频品类，短保食品又是食品里更高频的品类，在获取用户的效率上，可以进一步提高。

另外，上述这种差异化的产品，通常不需要太多的种类，可以集中聚焦在用户最需求的几个种类。这样有利于原辅料的批量采购和品质管控，让产品品质更加成熟，效率也更高，进而大幅提高整个供应链的效率和产品的综合品质。

不仅是个人创业者，在社交电商的大规模趋势下，很多品牌也加入了社交电商的阵营，并推出了差异化的产品，获得了消费者的青睐。例如，在传统渠道一年销售额三百多亿的娃哈哈，在2018年携一款定位为"缓解眼部疲劳、强化眼部营养"的眼部保健饮品进军社交电商，这款专属社交电商渠道的产品也明显区别于娃哈哈其他渠道的产品。

无独有偶，乳制品巨头蒙牛集团也加入了社交电商的行列，同样没有沿用原渠道的产品，而是新推出一款"瘦身燃脂、减肥代餐"的奶昔。这些大品牌和企业，看到了社交电商的红利，并且选择做社交电商渠道的时候，通常会根据自身的情况做不同的产品差异化，只有这样才能引起人们的关注，在社交电商行业内获得聚焦。

2. 产品差异化需满足三个条件

第一，产品的普适性非常重要。

社交电商是基于人与人的关系由交流到交易的渠道，创业者想要获得更多的交易，就必须要减少"交流到交易"的障碍。

基于社交关系的产品信息传播和推荐，要能覆盖到尽可能多的人群，所以产品的普适性非常重要。产品普适性高，就能免去很多环节，传播成本会变低，同时意味着每次推广的转化率高，对于销售体系来讲，这有着至关重要的意义。

很多电商项目之所以失败，就是因为经销商在推广产品时，容易遇到障碍。例如，你卖女性产品就意味着放弃了男性市场，你专卖体育类产品能打动的人群就会少很多。

在互联网的这个大流量池里面，用户池里的人总是有限的，如果转化见效慢成效低，每次挫折和障碍必然都会造成部分经销商的流失。一个不能生生不息繁衍下去的经销商体系，是不能支撑项目继续成长的。

受众足够广，不仅是对目标消费者强转化的要求，也是对销售体系强裂变的支撑。当你选择的是一个普适性很广的产品，那么这就意味着你至少能够进入一个非常大的市场，其销售空间也会变大。

第二，产品使用频率足够高。

高频，主要指的是使用频率高、产品使用周期短的特性，在新用户获取上的效率会非常高，产品本身具备了用户裂变的能力。除了新用户获取能力变强，高频产品也会造就更大的市场容量。

因此，想要让产品具有差异化，必须要具备高频属性。

有些产品本身就具备高频属性，通过有意识的改造，还可以让产品购买更加高频。例如，常规饮料装是每箱24盒，我们可以做得更加精致和减量，可以是每箱12盒；也可以从保质期等方面入手。

在这方面，社交电商产品"21日鲜"做得很好，在高频理论指导下具有了差异化——短保不添加防腐剂，与同类竞品就明显拉开差距。消费者一般在2～4天收到产品，一般会在保质期过半之前吃完，也就是收货后的一周内。

在产品的策划和营销上，品牌重点传播"21日鲜"的卖点，不仅在消费者心智里建立产品的差异化，还能实现我们想要的更高频的产品属性。

第三，拥有足够多的使用场景。

　　产品使用场景足够多，这代表着你的产品被使用的概率会大大提高；产品的消费量提高，表示选择了一个市场空间足够大的产品。

　　在这里，我们以一些新型的零食为例，如一些轻便易携带的零食，再加上包装有记忆点，它能出现的场景就很丰富了，特别是社交场景变得更多，这也为产品的传播和推广甚至裂变带来更大的机遇。

去中间环节，施行供应商直采模式

永辉超市这个大型的线下实体生鲜超市也看到了社交新零售的市场发展趋势。于是推出了各种智慧零售的措施，例如"永辉生活""超级物种"等。此外，永辉超市还和腾讯联手制定出移动互联网的社交零售措施，从而让更多一线的生鲜产品快速进入消费者的购物筐中。

在产品输出方面，永辉超市这次采取的是全球产地直采买手制（见图2-3）。

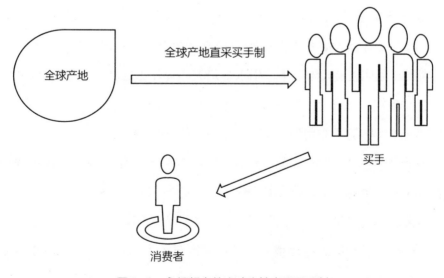

图2-3　永辉超市的全球产地直采买手制

永辉内部拥有一支超强的采买团队，采买团队的每一名成员在实际参与考察、议价、竞标等核心环节之前，会花费漫长的时间系统地学习关于生鲜品类的基本知识，同时一些一线采买人员需要定期对通过微信支付、小程序、社交广告等多元渠道与立体维度所收集到的消费数据与偏好统计进行讨论与分析，锻炼、提升自身的分析预测消费趋势的能力。

因此，这使得永辉这个大型实体零售商在社交电商的模式上打得一手好牌。这也给很多社交电商的创业者带去了希望和启发。

1. 依托大型社交电商平台，无须囤货

在去中心化的趋势下，创业者需要依托那些大型社交电商平台来实现无缝对接，让产品从品牌商那里直接对接消费者，对创业者来说这样的好处就是无须囤货。

贝店采取的就是这样的模式。贝店是贝贝集团推出的社交电商 App。贝店鼓励普通店主入驻。由贝店负责前期货品准备、发货和后期客服等各个环节，店主只需发发朋友圈完成产品推荐环节，来实现零门槛创业。

2018 年贝店平台先后宣布和欧诗漫、君乐宝等品牌达成合作，主要在新品推广、品牌营销、资源互换等方面进行全方位、深度的战略合作。

同时，贝店还在 2018 年，引入 5000 家品牌商直供，并与全球品牌方、源头工厂合作，只做自营正品，以确保源头直采和严格品控。这意味着什么？意味着贝店的店主可以无须囤货，就可轻松坐拥货源。

实际上，从 2017 年以来，贝店就已经与亨氏、蓝月亮、新农哥等多个母婴、日化、食品品牌达成战略合作。

在这里，我们看一下贝店的产品供应模式（见图 2-4）。

这能确保平台把产品质量完全掌控在自己手上。贝店自营团队由专业买手、品控、质检等部门组成，从前期资质审核、货品采购到后期品质监督，

图 2-4　贝店产品供应模式

形成质量闭环，这也给店主带去了一个信任保障。

2017 年，贝店销量最高的产品中大多数是水果生鲜。如山东泗水县高山紫薯，就通过贝店在"双十一"期间完成包销百万斤的任务。社交流量有助于帮助滞销的农产品直接从产地找到对应的消费者。

贝店还利用自身技术优势，通过大数据分析对当地进行种植指导，根据各个产地产品受欢迎程度、销售数据分析等维度提出种植建议。从前期种植环节到平台销售全过程地参与，从源头上做到助农。事实上，贝店的这种做法不仅帮助了农民，还帮助了千万贝店店主。

2. 自己成为供货商与社交电商平台签约

当然了，想要搭乘社交电商的快车，攫取更多红利，你还可以成为一个可靠的供应商，前提是你需要有正规的货源。

举个例子，在脉宝云店，如果你是云商（即供货商），你就可以成为所有店主的老板。怎么讲呢？

如果你有可靠的商品供货资源。比如水果、服装、化妆品、婴儿用品……经过平台专业的评估考察后，你就可以成为脉宝云店的供应商，你所供应商品的每一笔订单都会为你带来巨大的收益，全网所有的店主都相当于是你的销售人员。这样一来，你的红利会被无限放大（见图2-5）。

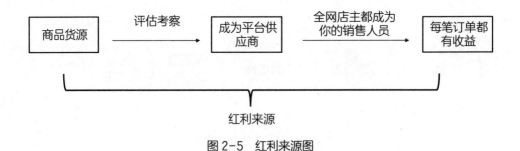

图 2-5　红利来源图

这也是一种去中心化的操作，你直接成为货主，省去了中间经销商、代理商等环节，你可以直接和平台签约，获得每一个销售员销售产生的部分利润。

寻找重量级电商供应商，成为产品战略伙伴

作为社交零售的创业者来说，想要自己完全获得一个完整的产品供应链很难，但是可以依托那些直接与品牌做对接的社交电商平台来创业。当然了，这需要我们选择好平台，最好选择那些和具有重量级电商供应商合作的平台。换句话说，你所依托的平台必须要有品牌电商作为支撑。

我们以社交零售电商平台达令家为例，看一下，社交电商创业者如何依托平台来搭载重量级电商供应商，成为产品战略伙伴。

1. 手握苏宁这张王牌，社交电商更有底气

首先来看一下达令家。

达令家是一个线上电商平台，可以理解成是一个线上会员制全球精品超市，平台上的商品主要覆盖家庭日常用品。

怎么理解这个会员制呢？很简单，如果是普通消费者，就要按平台正常的售价购买，如果是会员，也就成为达令家店主，就能享受特惠价，所有商品 6 ~ 9 折，而且享受全场包邮。

这就是以达令家为代表的社交零售的分享赚钱模式。不仅自己购买享受特惠价，还能把平台的商品分享给朋友，折扣差就是你的收益。这就是达令家店主自购省钱，分享赚钱的模式（见图 2-6）。

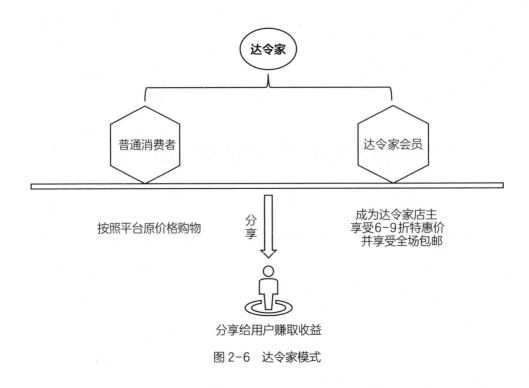

图2-6　达令家模式

既然是社交电商平台，而且以销售商品为主，那么商品就异常关键。商品的质量、价格、服务等因素直接决定了平台的优势。达令家商品的品类包含美妆护肤、食品生鲜、服饰鞋包、家居生活等，基本涵盖了一个家庭日常所需的用品。

达令家所有的商品都跟全球知名品牌合作，大型供应商直采，没有中间环节，保证了商品的质量和价格等优势。

接下来更重要的是，达令家手里有两张王牌，那就是与两大重量级供应商的合作——苏宁和易果生鲜。苏宁是达令家的战略合作伙伴，这个战略合作的核心是苏宁供应链全部向达令家开放，苏宁易购的商品，将全部上线达令家（见图2-7）。

作为达令家的店主来说，也就是社交电商的创业者，只需要负责商品的

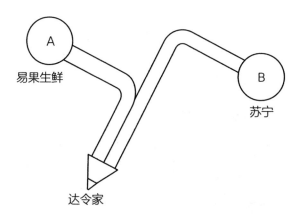

图 2-7　达令家和苏宁以及易果生鲜达成战略合作

分享即可，商品的选择采集、文案素材、打包发货、售后服务等，全部都由达令家平台完成，让店主没有任何的负担，没有任何压力。

　　实际上，除了苏宁、易果生鲜是达令家的战略伙伴之外，达令家还有四大国内知名投资机构作为依托，分别是：IDG、红杉资本、光大资本、今日资本（见图2-8）。

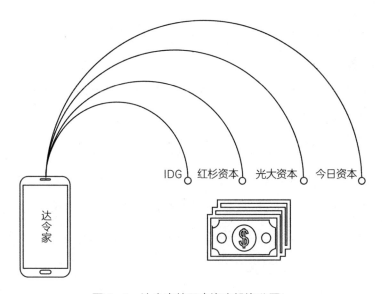

图 2-8　达令家的四家资本投资公司

对投资行业稍微了解的人都知道这四家投资公司，他们算是国内，甚至全球的投资界大咖，而这四家公司同时投资了达令家，可是难得一见的现象，也证明了达令家的潜力。

2. 与品牌商合作的玩法及法则

像达令家这样的社交电商平台和一些大型的品牌或者电商达成战略合作之后，接下来就要涉及具体的操作和运作方式。

我们以和达令家类似的另一家社交电商平台爱库存为例，看一下作为创业者如何深入了解这些平台与品牌合作的玩法和规则。

爱库存也和达令家一样建立了一套精细化的平台运营管理流程。其中，爱库存与品牌商合作的玩法及法则，一共有四种方式：

第一，战略合作。

爱库存和多个品牌上签署全年合作计划，提供整体的库存解决方案，为千万店主提供正品发货渠道。

第二，入仓代销。

品牌方将货品存入爱库存仓库，由爱库存协助完成分拣并发货。

第三，平台代销。

货品在品牌方处，由品牌方完成货品分拣，爱库存安排物流上门取货。

第四，整货买断。

爱库存直接购买整盘库存，货品发至爱库存仓库。

从上述四点可以看出，与传统电商不同，爱库存可以实现商品的消息化，在相对私密且封闭的朋友圈、微信群，甚至是单个聊天对话框，以普通的沟通消息进行传播，不会干扰市场的价格体系；同时爱库存还通过平台的合理调控，所有上线的商品均为限时特卖。

此外，爱库存还建立了"A+正品联盟"，旨在更好地为品牌方提供相应的服务。参与"A+正品联盟"揭幕的品牌有阿迪达斯、森马、三枪集团、木九十、E·Land、GUESS、Folli Follie、英氏、百丽集团、三彩集团、红蜻蜓集团、红纺集团、美特斯邦威、亨得利盛时、俞兆林等等在内的30家知名品牌。

因此，作为社交电商的创业者，我们必须要了解你所依托的社交电商平台是否与一些大品牌达成合作，并且还要深入了解这些战略合作是如何操作的，其稳固程度和信任保障是最为关键的，有了这些，你的社交电商创业才能更加稳固。

搭建专业社交电商的品类架构

品类架构是社交电商运营的核心，那么如何做好品类运营呢？各大社交电商品类选取的逻辑又是怎样的？

1.产品品类

社交电商平台必须要对产品进行分类，通常情况下，分为三大类（见图2-9）：

图2-9　产品分类

下面分别来看一下三个品类：

（1）流量品类

流量品类，顾名思义，就是负责为平台带来流量的产品，也就是吸引用户前来购买的品类。这种品类的产品通常是一些高曝光率的产品，也可以是一些爆款或者大众知名的产品，能为平台带来巨大的流量和销售，同时可以促进其他品类的销售。

例如，在达令家 App 中，有一款流量产品非常走俏，在达令家的首页中循环"播放"，那就是肌颜之锁品牌面膜（见图 2-10）。

该品牌的面膜无论从销量还是口碑方面，都非常好。可以说是名副其实的流量产品。达令家特别为这个面膜开辟了品牌活动，可见其畅销程度。这

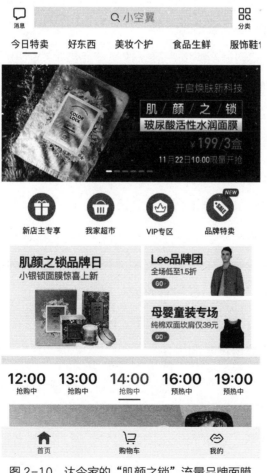

图 2-10　达令家的"肌颜之锁"流量品牌面膜

款面膜采用的是达令家与厂家直接合作，在平台出售的模式。在各大社交网站和推荐网站都有不错的口碑，被很多明星达人推荐，是高频力量产品。

（2）盈利品类

所谓盈利品类，是指具有较高利润率的产品，为平台贡献巨大销售的同时能产生高额利润。

这类产品通常具有高频的购买率，该类产品可以弥补流量产品在毛利上的不足。当然，该品类产品的销售往往由流量品类来推动。

在达令家平台中，有各个时间段的促销抢购产品，这就是盈利品类。而这些分时间段推出的产品通常是生鲜，这类产品直接对接厂家，去中心化，消费者可以第一时间买到最新鲜的产品。这类产品每单销售虽然不多，但是却非常高频，因为是生鲜产品，所以无论从新鲜程度还是物流配送方面都非常优质。

（3）发展品类

发展品类是指当前销售和利润都不太高，但是具有较好市场前景且发展迅速的产品。这种产品会关系到整个平台的形象，通常是平台想要持续投入发展的产品。由于其销售和利润不太高的原因，所以，该品类也只是依靠已有的客流量来推动销售。

例如，在达令家这个平台，发展品类产品主要是保健品。这类产品销售价格高，销量也不大，但是却有着很长远的前景，因此，达令家和很多家国内外知名保健品公司达成合作，长期输出这类优质产品。

2.学会挑选流量产品的方法

作为社交零售的创业者，我们必须要明白只有流量产品才能让我们获得更多更快的价值。因此，社交电商的创业者必须学会挑选流量产品的方法。

我们举个例子，京东为什么要做图书？因为图书高频低价，可以引来大量客户，并且易增强用户黏性，以此来推动更多其他的盈利产品。换句话说，流量产品就是负责拉新，继而为其他品类进行导流。

你在社交平台的店铺也是一样，如果不推荐一些知名的、口碑较好的产品，对大众而言，就很难吸引消费者去你的平台购物。

那么到底如何挑选有流量的产品呢？

（1）高频

一般来说，在一个行业内都是高频战胜低频。为什么河狸家的上门美甲服务做不下去了？因为美甲服务是低频事件，就算非常喜欢美甲的女性，也通常是平均一个月只做一次。所以河狸家选择了美发服务。爱美的女性几乎可以天天做不同的发型，因此高频很重要。高频可以保证产生稳定的消费次数。而一定的消费频次就能保证平台具有稳定的客流量。客流量始终是最关键的。

（2）低价

价格是影响消费者决策的一大因素。为什么淘宝中那些 9.9 元特价包邮的产品总是有很高的销量？在"双十一"期间，有那么多的电商平台疯狂降价来突破销售额？这些都是因为低价产品所产生的试错成本非常低，往往能刺激用户消费。就算是产品质量不好，消费者也很少会因为"9.9 元"而进行退换货。因此，所谓薄利多销就是这个道理。作为社交电商的店铺主、创业者，也应该在挑选产品时注意这一点，通过低价吸引消费者购买从而促进销量。

（3）知名度

挑选流量产品时，还需要关注其知名度。通过具有较大知名度的品牌来吸引流量。这就是为什么很多实体商圈都能见到麦当劳、必胜客、星巴克的原因，因为这些是大众皆知的品牌，他们本身就是一个流量入口，能为附近的商铺带来源源不断的客流量。在社交零售中也是一样，如何吸引流量呢？往知名度方向靠拢是非常不错的选择。

塑造消费场景，产出优质的 PGC 产品

社交电商不仅很大程度上降低了创业成本，而且还颠覆了过去的传统零售模式和形态。无论你是多么小的一个创业者，只要能够利用好社交平台和圈层工具，用好社群这个工具，都可以把消费者聚集起来，将其变成用户，甚至转换成为你的代理。那么，这就涉及产品问题。产品是核心，是中心，没有产品，任何美好的社交电商都是空话。

很多人提起社交电商就会想到微商，例如在朋友圈卖面膜或者口红，实际上这种思维非常局限。其实社交电商适合几乎所有品类。产品，只有你想不到，没有做不到。最重要的一点是你要在输出产品时，学会运用创新思维，例如运用场景思维来产出优质的产品。

1. 塑造消费场景，激发用户共鸣

在场景方面，我们需要把精力放在消费场景上，以此来激发用户共鸣。

我们以家居为例。很多人认为家居产品很难做社交电商。实际上这是有偏见的。家居产品完全可以做社交电商。

如何打造呢？

最关键的就是，要利用设计师理念塑造场景。

我们不仅要提取产品图片和信息，还需要提取设计师的素材和灵感。例如设计师在设计与制造家具的过程中，自己的设计理念、制作过程、心得感

悟是什么样的。了解了这些之后，我们可以通过这些素材和信息来塑造出一个场景。例如，这个家具在家中放在什么地方最方便，什么类型的家庭选择什么样的家具，什么情况下需要什么家具，等等，然后通过内容输出，将其加工编辑，之后放在社交媒体和相关平台上。

有人会认为以前传统电商也是这样做的，拍一些图片，做几个视频放到平台上。事实上，我们需要强调的是以前输出的是用什么材料、有什么高科技设备、产品的尺寸等等，换句话说，是以产品为中心。而到了现在的社交电商模式中，我们要以人为中心，输出的内容不仅是告知信息，而更是要塑造消费场景，激发受众共鸣。

想要做好场景营销，最关键的不是有多少预算，而是投入多少精力。你一定要熟悉你的家具，还要熟悉你的用户。例如，深刻了解用户在下班回家之后打开电脑玩游戏时需要什么样的电脑椅，这个电脑椅不仅要舒服，更要符合打游戏的感觉。再如，想要让用户在办公室能更好地休息需要什么样的电脑椅或者桌子……

你只有善于观察、感情细腻，才能洞察人性，才可以输出好玩且有温度的内容。

也只有这样的内容，用户才会被打动而选择成交，并且愿意在社交平台帮你扩散，从而吸引更多的用户。然后你把感兴趣的用户聚合到群里面，再把购物的链接丢到群后宣布，要买的话直接现在下单等等。

因此，只要你在塑造场景方面做到位，也就是路径选择正确，很可能就能瞬间打造出一个爆品。

2. 精致耕耘内容

很多社交电商平台将注意力逐渐从原来产品的搬运式信息描述转为精致地耕耘。换句话说，"死磕"内容，用栏目的形式整合内容，让产品更加突出，才能吸引消费者。

我们以社交电商平台礼物说为例，看一下这个平台是如何在选品时，耕耘内容的。

（1）产品不断更新，同时增加栏目关注和达人体系

经过前期的吸粉之后，礼物说拥有了大量粉丝，在产品层面上就有了更多不同的内容。作为单个用户来讲，在面对大量的内容情况下，需要一套选择机制来选择自己感兴趣的类目，拥有属于自己的信息流，这时上线栏目关注和达人体系就显得迫在眉睫。的确，礼物说推出了达人体系机制，启用很多达人推荐来更新产品，让更多用户接触到潮流信息。

（2）增强动图播放产品功能，增强场景化

在攻略内容的完善上，礼物说在产品页面也提供了一些支持，例如在浏览攻略详情页时可以上下滚动加载，然后攻略内支持动图及音乐播放，这些产品页面的更新都是配合内容编辑人员创作出更好的内容而实现的，更加精准地突出了场景化，给用户带去了更好的浏览体验。

（3）场景 + 体验

社交电商平台更应该注重用户运营，在用户运营阶段中，体验是非常重要的。而体验是依靠什么来实现的，是依靠场景。例如，礼物说推出了"跟我去巡店"以及"taste 新奇体验馆"等栏目，在这些栏目中融入 IP 内容，编辑会先讲一个故事，在这个故事中逐步展开礼物的推荐，场景感更强，相对比一篇要承载 10 个左右商品的攻略，可读性更高，转化率相对也提高了很多。

第三章

引流吸粉：玩转社交媒体争夺粉丝

引流是社交电商的基本前提，所有的商业模式都需要流量，先有流量，才有转化，流量是一切生意的根本。

社交电商基于社交场景，流量来了以后的变现效率会比传统电商模式更高，因为流量可以裂变和再运营，这是电商流量和线下流量所不能比拟的优势。既然是社交电商，那么引流最重要的一点就是与社交平台媒体来争夺流量。本章着重介绍如何从社交媒体多方位精准引流争夺粉丝。

定位准确：深挖社交关系链，实现无缝对接

早期的社交电商经历了野蛮生长，很多微商为了快速获利，采用了大量简单粗暴的手段，一群投机分子更是在这个契机中以次充好，暴利定价，把货品以经销商资格或月度任务等形式压给了各级微商和个人，层层代理模式下，最后呈现在消费者面前的是"三无产品"。可见，微商模式早已让人失望透顶。

在这样的模式下显然是无法吸粉的，没有流量和粉丝，自然是走不下去的。因此，在社交电商为主导的新零售下，想要获得好的发展前景，就必须要摒弃上述原始微商的投机做法。首先就要学会定位，给自己一个明确精准的定位，深挖社交关系链，这样才可以实现无缝对接，让粉丝不请自来。

1. 定位在一个垂直领域，发展扩大

很多人认为开店做微商，或者打造一个社交电商平台，都需要涉猎广才能广泛辐射粉丝。实际上，不需要如此麻烦。第一，多领域涉猎，无法专业；第二，多领域涉猎需要耗费大量的精力物力；第三，多领域涉猎需要大量资金。

鉴于这几点，我们建议社交电商创业者在定位时需要定位在一个垂直领域，只在自己擅长的领域内发展扩大就可以了。

在这方面我们以王思明创办的奢瑞小黑裙为例。

先看一下，奢瑞小黑裙的来历。

奢瑞小黑裙，是由王思明女士创立的一个只卖小黑裙的品牌。仅从这一点就可以看出这个品牌的专注性和垂直性。同时，奢瑞小黑裙还是一家全球设计师小黑裙集合平台。奢瑞小黑裙通过链接全球最优秀的设计师，设计最好的小黑裙提供给全球优秀女性，让这些优秀的女性，无论年龄大小、无论高矮胖瘦、无论何种场合，在奢瑞都可以找到最满意的小黑裙，实现小黑裙全球化一站式选购（见图3-1）。

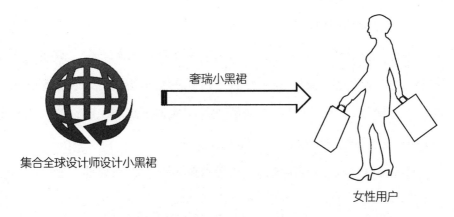

集合全球设计师设计小黑裙　　　　奢瑞小黑裙　　　　女性用户

图 3-1　奢瑞小黑裙模式

奢瑞小黑裙旨在为全球优秀的独立设计师搭建平台，向全世界展示、销售各种设计师款小黑裙。

因此，这是一个非常专注，且只做小黑裙的社交电商品牌。这样的定位自然而然就吸引了同领域内的女性用户。这部分女性大多数符合两个条件：

（1）白领、上班族；

（2）名媛、善于交际的社会女性。

而符合这两个条件的女性又都具有五个特点：

（1）经济实力比较丰盈；

（2）身份职业层次较高；

（3）受过高等文化教育；

（4）有独特气质；

（5）审美不俗，喜欢定制设计产品。

奢瑞小黑裙就是在这样又充分且明确的定位下开展起来了。当时，王思明在北京SOHO的一个办公室里开始创业，三五个人就开始接单了。显然，定位准确，很快就会有流量引入。

2. 产品品质吸引粉丝

为什么同样做社交产品，有些人的产品可以吸粉无数，有些人任凭怎么推销和推广都无法吸粉。这主要源于产品的品质特色。如果你定位的产品高端且有高频的互动，甚至可以形成流行和独特的潮流，那么这样的产品品质就自带吸粉功能。例如奢瑞小黑裙就是这样。

小黑裙邀请众多的设计师，以设计师为名，每人设计一款产品，所以小黑裙一推出来，其款式收到了用户的广泛喜爱，吸引了一大批粉丝，款式的快速迭代推新，这也成为小黑裙最为重要的核心竞争力。

所以，产品品质的定位对社交电商品牌吸粉来说也十分重要。

3. 社交分享模式，是实现朋友圈疯狂吸粉的秘诀

还是以奢瑞小黑裙为例，成立一年就快速吸粉700万，并且获得了亿元销售额。这首先源于它的三级分销代言人模式（见图3-2）。

之所以可以获得一年引流700万粉丝的关注和亿元销售额，社交电商是其赖以成名的关键。

在奢瑞小黑裙成立伊始，为了快速打响品牌，奢瑞小黑裙CEO王思明在朋友圈为小黑裙选择了三级分销的模式。在最初，她并没有想到会玩

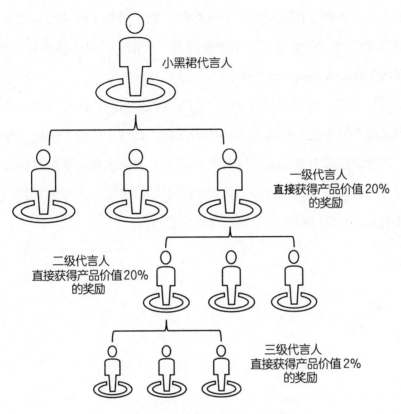

小黑裙代言人

一级代言人
直接获得产品价值20%
的奖励

二级代言人
直接获得产品价值20%
的奖励

三级代言人
直接获得产品价值2%
的奖励

图 3-2　小黑裙三级分销代言人模式

这么大。

其吸粉的过程是：王思明最开始建立了两个微信群，将产品在群里进行了首次传播。最初的这 1—100 个种子用户就是基础，在这个社群的基础上基于种子用户进行不断裂变。

王思明认为，必须要做精准且简单的品牌定位，这样你的传播才有极简的力量，简单能在传播中让受传播对象更加容易了解你，知道你是干什么的，能够怎么参与，以最快的速度与平台产生链接。因此，奢瑞小黑裙背后的社交分享模式，正是实现朋友圈疯狂转发吸粉的秘诀所在。

　　事实上，不同于传统电商平台先行的思路，成长于移动电商之上的社交电商最显著的特点在于其主要流量来源并不是依靠广告、搜索等传统方式，而是依赖于社交关系网络而产生。

　　对品牌来说，移动社交电商提供了一种独特的更低成本的品牌营销方式。可以说，每个店主都能成为品牌的代言人，他们体验了商品，觉得商品不错，自然会推荐分享出去。这种方式特别适合无法在大平台通过搜索获取流量的高性价比产品，通过小意见领袖的引导，可以实现意想不到的大规模的精准引流，这是一种非常有效且低成本的方式。

百度霸屏：360度全网营销助力社交电商

有些互联网从业者，早期就开始研究互联网营销，并成为较早从中受益的人。而早先的互联网营销主要还是在百度平台和QQ群中做营销，那些百度营销的技巧和SEO知识，现在依然有效。无论市场怎么变化，裂变和引流最终不过是为了给潜在客户一个了解我们的机会，从而达成交易或共识！

有太多品牌对互联网布局不甚了解，很多人花了很多钱却见不到效果，很多品牌刚刚开始就宣告了结束，很多品牌裂变不起来，不知道怎么进行互联网营销。有些品牌积累了第一批资源后，再也没有新的流量，产品卖不掉；有些品牌没有品牌营销意识，即便有好的产品也始终没有大的作为；还有些品牌有了品牌营销意识，却找不到有效的解决方法，走了不少弯路……正是在这样的背景下，很多人认识到百度霸屏对品牌营销的意义。

百度霸屏，作为品牌营销手段，在社交电商行业还未得到广泛使用，除了专业的百度霸屏服务商较少的原因之外，更多的还是社交电商品牌对百度霸屏营销的认知不足。

众所周知，百度搜索已经是国内用户量最多的搜索引擎，百度搜索作为用户了解各类信息的入口，已经是不争的事实。

作为社交电商品牌，首先要解决的难题，非信任莫属，消费者对品牌或产品的信任度、认可度，是成交的关键因素。通常来讲，在社交电商行业，消费者判断一个品牌是否可靠，都会使用百度来搜索、了解品牌的相关信息、口碑等。如果搜索结果全是正面且权威的信息，显然成交已经成功了一半。但是如果搜索结果中，品牌的相关信息杂乱、稀少，或者更甚者有负面信息，可想而知，一个潜在客户很容易就失去了。

所以，百度霸屏起码有十大好处（图3-3）——

1. 开放式引流和曝光

2. 打造品牌 IP

3. 为品牌形象加分

4. 有助于品牌招商

5. 提升品牌口碑、形象，提高用户信任度

6. 节约成交成本

7. 多渠道传播

图3-3 百度霸屏的十大妙处

8. 24 小时传播

9. 新闻媒体权威背书，公信力

10. 自说＋他说＋传说

要使用百度霸屏的方式助力自身的社交电商经营，就必须要熟练掌握百度霸屏的形式、策略和手段，那么，什么才是百度霸屏呢？

百度霸屏，顾名思义就是将百度搜索结果页霸占，在百度搜索品牌时，搜索结果全是品牌提前布局过的内容。这样，不仅能让品牌将想要表达的内容呈现给消费者，塑造品牌形象，而且还能压制品牌的负面信息，提升品牌口碑。

要了解百度霸屏，首先要了解百度搜索引擎抓取搜索信息的原理。

百度作为一款搜索引擎，拥有自己的一套算法程序来筛选优质内容。百度通过在权重较高的网站上，抓取与用户搜索关键词匹配的内容，通过算法来筛选出匹配度最高的优质内容，并优先展现给用户。因此做百度霸屏，也就是要在高权重的网站、平台发布大量品牌的内容，并植入用户搜索的关键词，从而被百度收录、抓取，最后优先推荐给用户。

因此可见，做好百度霸屏包含两大步骤。

第一步，筛选出百度高权重网站和平台。

常见的用于内容发布的网站或平台有四大类（图 3-4），分别是：

1. 企业官网

2. 新闻媒体平台

3. 自媒体平台

4. 口碑问答平台（图 3-5）

每个大类对于社交电商品牌的助力不同，需组合使用，下面一一介绍。

第一类：自建官网，优化关键词排名，作为官方权威展示

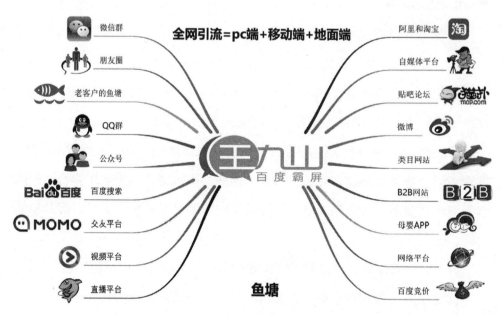

图 3-4　觉见内容发布网站与平台

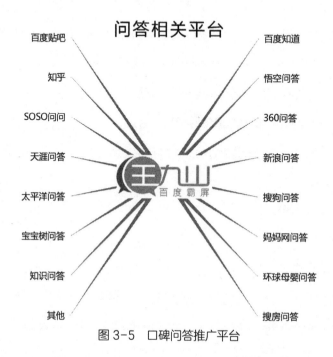

图 3-5　口碑问答推广平台

品牌建立之初就要注册和保护相应的域名，建立品牌官网，为长远发展做好布局。

第二类：新闻媒体报道，做品牌背书，提高信任度

可以在高权重的新闻媒体网站上直接发布品牌软文。借助新闻媒体的权威为品牌背书，提高信任度。

第三类：自媒体平台矩阵，输出品牌故事，提升转化率

在多个自媒体平台上持续输出与品牌相关的软文，讲好品牌故事，不断吸引用户关注，提高转化率。

第四类：口碑问答，提高用户信任度，提升品牌口碑

在多个口碑问答平台布局，让客户搜索时，出现品牌提前布局好的回答，提升品牌口碑，提高用户信任度。

第二步，撰写内容，在内容中植入关键词，并发布。

围绕关键词，创作软文，在各大网站和平台发布即可。

内容创作可围绕以下方向来进行：

1. 企业与品牌介绍

2. 公司大型会议报道

3. 创始人奋斗历程

4. 代理商创业故事

5. 新品介绍与使用说明

6. 渠道扩张与新品上市新闻

7. 用户使用体验与感受

8. 产品与行业知识科普

9. 企业价值观输出

10. 代理商旅游游记

11. 公司业绩报告

每篇软文必须在标题中植入一个关键词，在文章里也要合理的植入关键词，确保被百度收录的可能，同时对于关键词的堆砌不是越多越好，太多反而有可能被判定为恶意营销，不被收录。

总之，百度霸屏必经四个阶段：第一，把品牌或产品的基础资料定位设计出来；第二，把基础资料变成有销售逻辑的软文、文章或销售信；第三，把文案软文发布到各大媒体和网络平台，得到更多展示；第四，设计好利用互联网思维盈利模式，并实现长期辅助盈利。

参与互动：抓住黄金社交时间挖掘流量

"什么是流量？""流量来自哪里？"实际上，这些问题没有标准答案。很多时候，我们越是寄希望于一种所谓的"成功学"，就越是无法通往成功的道路。

传统电商就是如此，除了一夜爆红的小概率因素，做品牌流量是需要花钱的，而且需要持续不断地输入资本，换句话说有钱才能快速地塑造品牌，尽快地做到差异化，如果有很多钱，就能在第一时间占据消费者心智，把竞争对手打倒。那么对于今天的社交电商来说，尤其是想要通过这个渠道创业赚钱的人来说，有没有不投入资本（因为小微创业者没有钱）就可以获取流量的方法呢？答案是有。

那就是懂得抓住社交时间。

实际上，对传统的实体店来说，想要获得流量的最好方法就是获得社交空间和时间。这该怎么理解呢？

对实体店来说，引流就是引人，但是进一步来看，就是要获取人的空间和时间。

我们都知道，线下流量是被动的，更侧重人的"空间"属性。具体来说，线下店铺开在某个地段，是为了被动地等待"顾客上门"，顾客上门的过程，就是线下店铺对人的空间属性的强制占有，然后才有进一步的体验和交易，所以线下的自然流量对空间的要求非常高。例如，机场的人流量明显会高于其他地方。但是想要争取这样的空间，就需要花很多钱，这就意味着如果你没有办法获得更好的地段，就很难引流。

但是对于线上来说，就简单多了。尤其是社交电商的线上新零售，首先打破了空间概念，其次，让商家有了更多的选择。作为创业者，想要获得引流最需要做的就是懂得收割用户的社交时间。

1. 占据流量入口

有一个问题："互联网世界中，单位时间内人流量最多的地方是哪里？"答案毫无疑问是"流量入口"。

很多厉害的公司都成为流量入口，例如百度，占据了搜索引擎的入口，淘宝占据了电商的流量入口，支付宝占据了支付入口，App Store 占据了应用市场入口，等等。在这些入口，用户花费的时间总价值是最高的。

所以流量入口就最大限度地拥有用户时间。很多商家必须要去购买用户时间，这是互联网广告的基本商业逻辑。这样造成的结果就是市场需求太大，流量总值稀缺，所以流量根据市场行情水涨船高，平台且具备定价权，付费流量越来越贵。况且这对于一些社交电商创业者来说，根本拿不出这么大的资本去购买流量。因此，这样的方式只适合那些有较大资本或者有融资投入的社交电商创业者。

2. 利用优质内容抓住用户社交时间引入流量

上述说到大平台在售卖用户时间，售卖的这些用户时间更多的是一种"消费时间"。除此之外，社交电商创业者还可以抓住用户的社交时间。

用户在社交链上的时间几乎是成片成块的。对下沉市场用户来说，社群和朋友圈是非常主要的获取信息的手段，这时候就需要有一种方式可以渗透社交关系，来获得用户的社交时间，流量自然而然也就来了。

提升社交流量的前提是内容要优质，通过内容营销吸引过来的用户才是精准的、可以被转化的，否则都是在浪费时间。

我们在一开始很难做到像大 V 那样专业地输出内容，但是我们既然在做社交电商产品，那么就可以通过各种方式把自己的品牌和产品的卖点用最通俗易懂的话说透，这对普通社交电商创业者而言并不难。

重要的是，我们拒绝写一些自嗨的文案或者软文。实际上能带来转化的内容才是优质内容，拒绝搞那些只有"自己人"才会转发的活动内容。要做真正能够洞察用户心理，让用户在长久时间内仍然可以搜索并且找到你的内容，也就是"长尾流量"内容。

例如，你做专卖进口水果的社交零售，可以借助朋友圈在每天的黄金时间发布一些关于特价、优惠的水果信息和软文。这样的方式就可以快速抓住人们的社交时间，并且用一些吸引人们的图片、视频、文字来吸引用户点击观看，进而购买。

直播吸粉：面对面零距离地引入流量

没有用户，没有流量，进入社交电商创业几乎等于是零结果。真正的问题是粉丝（用户）到底在哪里？你需要用什么办法才能把他们拉进来并产生流量转化？

吸粉引流，一直是各种互联网创业者非常头痛的事情。社交创业也是如此，没有粉丝就等于没有流量，没有流量一切都将是虚无的。

在这里，有一种非常新颖且转化很高的吸引粉丝的方法，那就是直播吸粉。借助一些直播 App 工具来面对面零距离地引入流量。

1. 利用直播平台打造自己的"鱼塘"

无论我们使用互联网做什么都需求粉丝，没有流量做什么都很难。

做直播的目的正是吸引这些粉丝。首先，我们需要找准直播平台。在当下有一直播、抖音直播、美拍直播、淘宝直播等多个平台可以参与使用。

通常情况下，我们的直播都是免费的，这样是为了给自己建设一个好的"鱼塘"，不管我们做营销或者产品前提都需要知道自己的"鱼塘"在哪里，如有"鱼塘"就得搭建好自己的"鱼塘"，免费直播就是个不错的方法。

如何打造自己的"鱼塘"？

先建立一个直播账号，然后了解当前直播最大众化的内容是什么？一般当前最大众化的直播内容就是唱歌跳舞等才艺表演，这一类型的直播受众也是最多的，门槛相对也比较低。当然了，垂直领域的直播需要相应的专业和技能，垂直领域的直播粉丝越精准，引流也就更加精准。例如美妆、穿搭、英语等。

2. 找专业带货网红主播合作

有些人的直播没有影响力，就算开直播也可能吸引不到粉丝。于是就有了寻找网红合作的逻辑。很多人通常会首先想到当下最火的一些直播网红。但是，如果没有一定的经济能力不要找这些网红合作。为什么？因为两点：

第一，不懂带货。那些网红之所以红是因为颜值或者才艺，而其正业并不是带货或者为平台引流，很难有专业特色，换句话说，这些网红没有带货能力。

第二，不缺钱。这些网红通常不缺钱，他们只是依靠粉丝的打赏就已经生活得很滋润，因此很大程度上不会跟你合作。

因此，我们只能找专业性的网红主播合作。专业性网红有专业背景，能够讲解细分领域的专业内容，这些网红输出的是观点，输出的是生活方式，输出的是具有导向性的流量，输出的是能够实实在在产生购买影响的实用指南，这类主播可以与我们的社交电商达成某种合作。

例如，你是一个做服装社交零售的创业者，就需要寻找一个穿搭专业的网红合作。这类网红主播是能够帮助转化实际的购买订单，而不是转化带有娱乐性的礼物打赏。

3. 直播面对面把产品优势带出来

既然选择用直播作为引流方案，那么就需要明确通过镜头面对粉丝时，应该如何引流。

第一，不要喧宾夺主，着重讲述你的产品。

很多人开通直播之后，总是唠唠叨叨没完没了，甚至还跟粉丝聊天聊到忘乎所以。如果你是这样的主播，不如去做网红，何必做社交零售？因此，我们一定要记住自己的目的，不能喧宾夺主。

第二，讲产品时，拒绝硬推。

在直播中介绍产品时，切记不能硬推。因为硬推很可能会让粉丝流失，这样的营销方式会让粉丝感到非常疲惫和反感。

第三，把优势说出来，吸引粉丝购买。

介绍产品时，需要把你的产品的特色和优势说出来，并且放大这个优势，这样你才能吸引更多粉丝，甚至引发粉丝直接购买。

4. 注重直播的其他引流小细节

（1）弹幕引流

弹幕是最常见的引流方法，如果我们自己不开直播，那么可以找几个比较火的直播间，当然需要找一些与你所需推广的产品匹配的直播间，进行弹幕引流。但是不要找与自己推广的产品无关且很火的直播，因为那些很火的直播间粉丝特别多，你刷的弹幕一瞬间就会被挤下去，甚至多到自己刷了一条弹幕，连自己都看不见。

（2）名称引流

在通过直播引流时，还要注重直播的昵称，也就是名字，同样这也可以当作引流的一部分。

名字是一个人在网络上的名片，不管是在哪一个平台，出现在哪里，都应该能让观众一下记住你。在注册时，你的登录账号就是你的名字。

（3）头像引流

很多网友第一眼关注的就是你的头像，头像也是引流中重要的一个步骤。如果比较喜欢简单粗暴的宣传方式，可以用自己的产品来做头像。

（4）评论互动引流

去一些热门的直播下面进行留言和互动，将自己店铺或者平台的链接或者产品信息发布到评论，进一步吸引粉丝。

熟人吸粉：别忘记传统社交平台的作用

在社交电商引流吸粉的道路上，还有一种方法就是"熟人套路"。换句话说，就是要充分利用传统社交平台的作用来吸粉。

1. 微信吸粉引流大全

通过微信来为社交零售引流是一种很有效的方式，随着微信的普及，微信越来越多地成为人们社交的必备软件，所以微信推广势在必行。尽管如此，我们也不能盲从微信营销，而是要清楚微信吸粉的方法和技巧。

（1）朋友圈推广

微信最直接也最有效的引流方式就是朋友圈引流。我们可以在朋友圈内发布社交零售或者产品的内容，直接把你的社交产品分享到朋友圈。

我们可以将产品编辑成为图片、视频等方式发布到朋友圈。还可以将产品或者优惠的链接发布到朋友圈，通过这种方式，朋友圈好友会第一时间予以关注。特别是利用产品特价优惠的截图，将这些页面截图配以一些标题文案来吸引大家去查看和咨询。这种方式也能够在很大程度上获得好友的支持。当然，这种方法不能太过频繁，否则会被朋友圈好友屏蔽。

在这里要注意的是，朋友圈只能发布 10 秒钟的视频，如果你的产品视频时间过长，则需要精简编辑。

（2）微信公众号推广

在必要时，我们还可以创建属于自己的公众号。然后在公众号内定期发布社交零售以及产品等优质文章。这样的方式会让你的社交零售业务显得更加高端，吸引优质用户关注。

如果你的文笔够好，公众号被转发的次数就会更多，那么你的知名度也就更大。同时，还可以和一些其他的公众号联手合作，一起提高产品的曝光率。

①将产品链接嵌入到公众号导航菜单

当你的公众号有了一定数量的粉丝之后，你可以在公众号中加入自己的产品链接，尤其是在导航菜单中，用户可以通过点击就进入你的社交零售页面。

②文案上体现出产品信息

如果你的文笔很好，你的公众号文章一定有很多粉丝。为了引流，你还可以在写文章时，于句末加入一句：我们"双十一"见！

③将社交零售产品的二维码放在公众号文章中

将产品或者优惠二维码信息放在公众号文章中，这样你的粉丝看到就可以快速拿起手机扫描即可关注。

公众号文章中不可过于频繁和过多地发布广告，这要求掌握好一个度，否则容易引起粉丝反感，甚至对你的公众号脱粉，如此一来便得不偿失。

（3）微信群推广

在微信推广社交产品时，有一个十分有效的方法——微信群扩散。我们可以建立微信社群，以此来增强粉丝之间的黏性，基于同一习惯或者爱好，聚合在一起的粉丝会在交互中产生聚心力，从而提高粉丝留存率。有了粉丝黏性再利用这部分粉丝去影响更多的粉丝。

想要让社交零售做得好，就必须抓住微信社群的力量。

①多加入一些大群，在大群中适当为自己的产品引流

加入一些大群，然后在大群中发布产品消息，这样可以获得一部分粉丝。但是千万不要以为只要人多就可以随便发消息，如果你的推销痕迹太重，很有可能会被踢出群。因此，你需要先在群里和成员打交道，培养感情，然后才能适当引流。

②加入和自身产品营销属性类似的群

你可以寻找一些目标微信社群，这些群必须要与自身属性有类似之处。例如你是做运动产品的社交电商，你就可以搜索一些健身、跑步、运动的微信群，然后加入其中。在这些群中，至少你们的目标和属性是一致的，这样可以在很大程度上做到高效引流。

③寻找打动群成员的痛点

有了目标群体，接下来我们就要努力思考打动用户的产品功能诉求点、需求点、痛点。

我们要分析群成员的需求痛点，分析他们潜在的行为决策方式。不断地了解他们的需求痛点，收集相关信息。围绕着相关信息，我们要进行抽象、总结、思考。最终得出能有效地打动他们的产品功能点。

事实上，在这个过程中，我们很可能会发现对方的伪需求和伪痛点。这时候应该怎么办？要经常与目标用户群互动，进行情感交流。甚至通过各种方式来试验这个痛点是否正确。最好的方法就是可以利用小号来"打探"，潜伏在他们身边，不断地收集更多的详细信息。

④根据群成员痛点编辑引流文案

一旦我们总结出粉丝群的痛点，那么就可以进一步通过信息了解到与该痛点相关产品的特点，他们是如何做的，如何满足的。

在学习借鉴的同时，还要构建一个与之不同的运营推广框架。列出那些与众不同的能打动目标粉丝群的宣传点，把这些宣传点包装成文案、软文内容。甚至梳理出推广运营方案，或者是其他的运营框架。

编写好符合粉丝群需求的文案之后，接下来就要执行推广，向目标粉丝所出没的社群投放文案内容。

当我们前面的分析、策划足够全面、详细，市场调研足够深入的时候，我们才能通过文字、执行推广的话术等等，有效地引导微信群粉丝，按我们的推广套路走。

⑤自己建立社群进行引流

我们还可以根据自己的社交属性和产品内容属性来建立属于自己的微信群，然后将一些好友拉入群中，并且通过外部营销等方式来拉入更多的用户。当群成员增多时，可以通过培养情感的交互方式来获取更多的信任。然后慢慢引出社交电商产品的信息和内容，吸引群成员持续关注。

2. 微博吸粉引流大全

传统社交平台中还有一种非常有效的方式，就是微博。

第一、和粉丝互动起来。

和粉丝互动，这是一种双向的沟通。互动是社会化媒体一个鲜明的特点，如果微博上只闻粉丝言语，不见博主回复，那么这个微博很可能是代运营的。没有"聊"起来的微博，在某种意义上是失败的。

试想，即使粉丝每天都认真读了微博的内容，他对你微博和你的产品的印象又有多深刻呢？一旦你和一个粉丝在微博上进行了互动，或者是你在微博上做了一件小小的令粉丝感动的事情，这个印象会突然变得很深刻。换句话说，我们不要只是刻意追求让粉丝去看、去从你的微博中读什么，还应该让粉丝看了之后有一种想要和你互动的欲望。

如果你的社交电商产品的内容和风格天生具有可互动的基因，那就非常适合用微博来营销和引流。因为你很有话题。

这里有两个方法（见图3-6）：

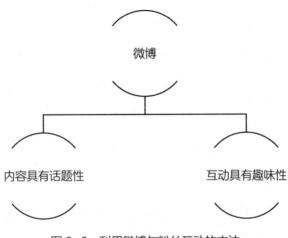

图 3-6　利用微博与粉丝互动的方法

在话题方面，有三个挑战：①将社交电商产品的内容趣味化；②将社交产品和粉丝的生活联系起来；③借助热点进行创意延伸。

第二、利用微博超级话题来推广社交电商产品。

所谓超级话题，也就是微博用户搜索量、阅读量、发帖量、粉丝关注量比较高的一些话题。那么，怎么去找超话社区呢?

第一步：打开手机微博客户端，在发现一栏中可以看到"超话社区"选项。

第二步：进入超话社区，我们可以看到很多超级话题。接下来我们可以根据自己推广的产品来选择相应的话题。例如你是做美食的，那么就可以关注"餐饮"、"美食"等超级话题，然后去发帖引流。

下面是具体的推广思路：

（1）在超级话题发帖

直接编辑好内容，点击"发布"就可以在超级话题中发布自己的微博。发完信息，把话题内容同步到自己的微博中，以此方便我们查看帖子的阅读量。阅读量越大，说明我们帖子受关注度就越高。

（2）在超级话题中发头条文章

这需要我们用到微博的电脑端。发头条文章时对标题、内容，穿插图片要求比较高。内容是核心，如果你的内容没有吸引力，粉丝是不会关注的。

所以，我们尽量要原创有价值的内容，做好价值输出。发完信息，同样可以把话题内容同步到微博，方便我们查看帖子的阅读量。

（3）在超级话题顶帖

这是一个非常关键的步骤，而且是决定推广引流效果的一环。微博超级话题，它默认帖子置顶的规则是按照帖子更新的时间。

所以，如果我们想让自己的帖子排名第一，就需要不定时地更新，回帖。回帖有一个很重要的技巧，每次回帖的内容必须多样化，不能复制粘贴。否则，微博官方就会对此封号，限制你回帖。

此外还要定时刷新回帖，这样可以保证你的帖子排名靠前，让更多的粉丝看到并关注。

（4）设置粉丝自动回复功能

当我们的帖子被顶到了前面，就会有粉丝给我们的微博发私信。这是一个很关键的推广引流部分，我们如何将他们成功引流到自己的社交电商平台呢？需要设置微博粉丝自动回复功能，可以把你的社交电商或者微信二维码内容设置在微博粉丝自动回复中，这样粉丝就会主动看到你的留言，从而扫码关注。

3. QQ 吸粉引流大全

QQ 是人们办公、日常生活交流中不可缺少的一个社交软件，它让人们的社交更加方便，同时 QQ 也是非常好的传统引流推广工具。

利用 QQ 来推广社交电商以及产品时，最重要的是方法和技巧。

（1）QQ 头像的引流操作

QQ 的引流技巧中有一个首先要素，那就是利用 QQ 头像来引流。

QQ 的头像、昵称是网络流量入口，我们需要根据自己的产品性质来设置。例如，可以把产品名称设为 QQ 名称。

但是，在设置 QQ 头像和昵称时最好可以满足三个条件（见图 3-7）：

第一，给对方一种直观感，让对方一眼就知道你是做什么的。

第二，告诉对方能从你这里得到什么内容。

第三，你能帮助对方解决什么问题。

图 3-7 QQ 头像和昵称设置时需要满足的三个条件

满足了这几个条件之后，我们就可以通过 QQ 头像中获得一定的流量。

（2）QQ 个性签名引流操作

QQ 的个性签名是社交电商推广的一个重要环节。你可以设置成和 QQ 空间说说同步，只要你有说说更新，那么你的个性签名也会更新。

另外，在个性签名中加入社交电商以及产品的内容也可以让别人一目了然，这是一个不错的展示。例如采用一句话格式"大家好，这是我代理的产品：×××××××"（直观地用签名表达）。

（3）QQ空间引流操作

想要做好QQ的引流，还必须要充分利用QQ空间做营销。

①提高QQ日志浏览量

QQ日志也是社交电商以及产品推广的一个好方法，这需要我们每天重新编辑一下日志文章，再点击下方更新动态，你的日志就又会变成一篇新的文章呈现在别人面前了。

②QQ空间送好友礼物

我们可以批量发送礼物，每次发给7个人，这样做的好处是你送礼物给别人，别人登录QQ的时候会自动弹出来，而且是强制性的，对方必须点击查看才能消失。

那么在里面我们可以做足留言内容。例如，在留言中加入你的产品信息或者优惠链接等等。但是这种方法不可太频繁使用，否则QQ官方会视你为恶意操作。

③QQ空间评论

我们还可以每天手动去评论别人的日志、说说，那么别人只要登录QQ，就会看到你在对方空间留下的信息。

（4）QQ群的引流操作

QQ群是一个非常有效的方式，无论是什么样的营销和引流都应该注视QQ群的作用。

①加大量的群

QQ群是做营销的必争之地，一个群的人数多达2000人，就算活跃度只有500人，即使如此，如果你有十个或者二十个群，就是5000人或者

10000 人，这个基数的累计也是很可怕的。数量会很庞大。同时，你可以加入与你相关的行业群，这些人群才是你的潜在用户。

②加群尽量先加管理员

加群时，务必跟管理员搞好关系（如果有条件有精力的自己也可以找一些优质群申请当管理员，做群里的权威人），搞好关系后才能在合适的情况下发软广告，其效果也会更好，可信度也会更高。

③自己建群

自己建立 QQ 群之后就必须要搞 QQ 群排名，无论付费与否。做 QQ 排名的话，需要知道 QQ 群的排名规则。影响 QQ 群排名的因素一般有以下几点：

QQ 群的名称、标签、简介、分类（其中分类又分为兴趣、行业、同城之类的群）、群活跃度、群等级信用、群人数（就是 QQ 群的总人数以及 QQ 群的活跃人数）等。我们需要按照自己所营销产品的特点，设置比较容易提高排名的群。

线上讲课：塑造自己的专业形象吸粉

还有一种引流吸粉的方法对社交达人来说非常有效，那就是讲课吸粉。什么意思呢？

线上讲课是指将自己熟悉的领域做成课件，再做出课程海报邀请函，吸引微信上的用户进群听课。当然了，这个课程内容必须要经过专业设计，且要体现出专业领域特色。例如你是做美妆产品的，那么可以把彩妆、护肤、减肥等领域汇集成为课程，通过讲课塑造自己的专业形象，进而再去推广自己的产品。

1. 邮件群发课程信息引流

实际上，用课程来引流，是运用了 IP 的理论。IP 形成个人影响力，通过课程传播，加大自己的知名度，吸引更多粉丝。当然，这首先要做好宣传，例如课程资料的扩散。

我们还需要考虑一点，群里面不可能全部都是小白（新手），基础的教程对他们的诱惑性不强，我们可以针对这部分人群提供中高级别的学习教程资源。

做课程引流，最方便高效的就是利用邮件群发课程信息，邮件群发其实并不新鲜。我们来分析一下，邮件群发的可行性。

邮件群发一般有两种方法（见图 3-8）：

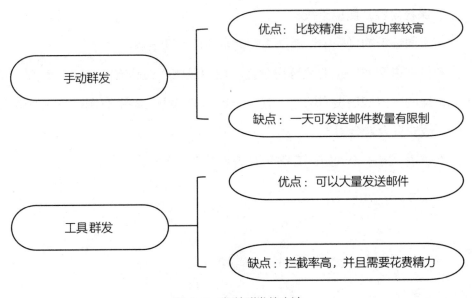

图 3-8 邮件群发的方法

下面还要介绍一下发邮件时应该注意的事项：

（1）标题正文忌讳用敏感词，如免费、发票、代理、送礼等。

（2）重点内容用一些夸张字体突出，如加粗文字、大写英文字母。

（3）邮件不要过大，附件和图片注意大小，过大邮件容易被邮件过滤器过滤掉。

（4）用小号发给另一个小号测试之后，确认无误再群发。

（5）借用工具进行群成员邮箱采集。这主要是利用QQ群引流时的做法。因为我们的群可能有上千人，一个一个地去找邮箱地址似乎不现实。这就需要我们用一些工具进行群邮箱采集。

对于邮件内容，我们可以根据自身掌握的资源来撰写，引流到QQ或者微信上都可以，正文写你掌握的资源，附件加入你的联系方式图片以及文档。通过这些操作，你可以得到部分精准且具有消费能力的流量资源。

2. 课程内容，侧重干货

在讲课吸粉的过程中，最重要的就是课件，即内容。

我们在讲课时一定要注意讲干货，把你最核心最厉害的点要讲出来，如果你讲课的内容成员没有听过，就会觉得很有意思、特别有用、特别有效果的话，成交机会就会更大。

在这里，有一个固定的套路和方法（见图3-9）：

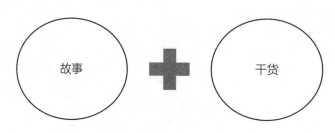

图3-9 故事 + 干货

这个故事是什么呢？是一个人的故事，主要是自己的故事。例如自己的创业故事，自己在该领域打拼的故事，也可以讲述自己的经历。例如作为一个做护肤的社交电商创业者，可以讲述自己过去皮肤不好影响找工作，影响交际的一些故事，然后最终着重突出经过使用一些有效的护肤品之后，皮肤变得好起来了，社会交际也变得更加如鱼得水。当然了，在这个过程中空口无凭，最好拿出一些图片或者记录，让成员更真切地感受到你的遭遇，有代入感，有触动。

最后，再把重心转移到你所要讲述的干货上面。

还有一种分享故事的方法，那就是分享自己的创业故事。我们置身在网络世界中大家都没有见过面，就是说在现实生活中也没有见过面，不知道你是谁，也不知道你长什么样，那么你一定要将你各种创业的经历、经验分享出来。

还要时刻谨记我们讲课的目的是什么：吸引粉丝的注意，然后再裂变一些粉丝成为你的用户或者代理。

3.讲课细节

课程吸粉时，还需要注意一些细节，做好细节才能够让课程效果更加突出。

（1）自我介绍

既然是讲课，那么作为讲师的你需要一个完美且专业的自我介绍。下面是自我介绍的基本格式：

第一，写头衔。

如某某合伙人，某某第一人，某某创始人等。

第二，写成绩或者经历。

这点是非常重要的，不管是开课前的自我介绍还是写进文案里的自我介绍都要加进去，这点非常重要，如果没有经历，很难引起别人的注意。

第三，写自己的座右铭或者理想。

如马云的那句话："人一定要有梦想，万一实现了呢！"这类话语要尽量简短，切记不要流水账。

（2）群规

我们总结出一些群规规范：

课程开始时，要提醒大家遵守如下纪律——

不可以发大图片！

不可以发广告！

不可以发实时对讲！

21：00准时开始，开课前10分钟点名，只需打1！

学习过程中请不要提问，以免扰乱课程节奏，有问题请课后找老师咨询，请大家互相体谅！

进群后从头到尾认真听完，做好记录。

（3）除了大纲之外，其他全程要使用语音

大纲的话最好用文字，这样方便成员做截图做笔记。

讲课全程都要用语音，为什么呢？因为很多人是冲着你的课程来的，如果你打字的话就相当于白白把课件送给他们了，如果你使用语音的话，就相当于增加了他们抄袭的成本，一般一个小时的语音课程要整理成文字需要三个小时的时间。此外，语音讲课也能够更加快速便捷地把问题说明白，让用户更易于接收和消化。

IP 号召：在你的社交属性上加入"超级符号"

现在是 IP 时代，我们可以通过打造个人 IP 来让自己成为有影响力的人，给自己的社交属性加上超级符号，让 IP 的力量带动流量。

微信之父张小龙说过："再小的个体，也有自己的品牌。"在微博上做 IP 的时候，没有个百万粉丝，你都不能说自己是一个明星，不能说自己是个 IP。在微信等各大社交平台做电商也是如此，你必须要成为 IP 才能有源源不断且自发性的流量。

1. 做好 IP 定位

做好定位是打造一个 IP 的前提。我们必须要根据自己的形象去打造自己的 IP。

个人 IP 就是，当你接触一个人的时候，他会通过你传递出来的信息，认知到你是怎样的一个人，并建立起"基础信任"这样的结果。

超级 IP 就是，当一个人提起你的名字，便能立刻想起你曾经做过哪些特别的事，或者当一个人想起某件特别的事，便能立刻想起你。

此时，你的个人 IP 一定是带势能的。比如说起苹果，就想起乔布斯。说起董明珠就想起"好空调格力造"。

其实个人 IP 的定位和对产品的定位方法是一样的，都是根据自身的属性来进行自我包装的定位。

我们打个比方，例如你是卖母婴用品的，那么就要把自己打造成又美又时尚的辣妈。如果你是做食品的，那么可以将自己打造成一个独特的"吃货"或者美食评论家。

因此，IP的定位可以是你的专业、特长，甚至爱好。这决定了你个人品牌之路的效率高低和成功概率。

换句话说，就是找到你的个人标签，从这个个人标签就可以看出你的行业，以及在这个行业里的段位。总之，定位得越精准、清晰，你的流量就越精准。

2. 具备 IP 属性

为什么很多人在同一个领域做社交电商，但是有些人却做得风生水起，有些人则很快消沉。这其中最关键的原因就是成功的社交电商有着独特的魅力和个性，即形成了自己的IP。普通人做社交电商往往是在社交平台上宣传产品。但其实，真正做大的社交电商创业者，并非如此。这些创业者对粉丝来说，是一个有血有肉的新鲜的存在，他们乐于分享，并且有自己的风格和特色，而且粉丝也愿意和他们交流互动。

所以，想要留住老粉丝，吸引新粉丝，必须要具备个人IP属性：

（1）有自己的风格

你的社交属性风格在一开始就要确立，例如你是走独特的达人路线，还是模仿路线，又或者是专家路线等。

（2）每一条宣传内容或者文案要反映自己的个性特点

确定了第一条的风格之后，接下来的每条宣传内容都应该反映出自己的个性特点。

（3）宣传内容范围要专一

确立自己的领域属性，并且牢牢地守护在这个属性范围之内，千万不要跳脱出这个圈子，否则粉丝的属性就会发生变化，也就很容易脱粉。

例如，在小红书上的知名网红 IP"阿 K"，她专注护发方面的内容，因此，在她的小红书页面上专门发一些艺术发型、护发的内容，吸引了将近八千粉丝，获得 5 万点赞（见图 3-10）。

图 3-10　小红书上专注发型设计的阿 K

（4）给你的产品赋予人格化

无论你发布的是什么类型的产品，你都应该把你的产品赋予一定的人格化，换句话说，将产品看作是你的化身或者分身，时刻让它保持新鲜感和活力。

3. IP 最重要的还是内容

有了定位和属性之后，这还不能让你成为一个专业的 IP。还需要有好的内容来支撑。

个人品牌的内容要高度垂直聚焦，精细化，深入浅出，直达本质。

同时跟你的定位相符合，让大家觉得你是专业的，使别人对你有所期待，期待越大，品牌能量就越强。

第一，你需要策划好主题方向。

想要成为 IP，必须要制作好相关的内容，这个内容必须是有主题的，有方向的。

第二，与粉丝有"互动效果"。

换句话说，你发散出的东西，是需要有人和你达成互动的，不是发出去就好。互动内容越多，频次越高，时间越长，越深入，越持久；覆盖人群越多，再次传播越多，说明 IP 效果越好。不断地做出好的内容不断地对外呈现，树立起来的影响力才会越来越大。

例如，小红书的时尚达人 IP"缺点钙"就是这样打造 IP 的。她的专注点很明显：时尚穿搭。因此，在小红书社交平台经常上传一些穿搭的图片。其次，她很注重与粉丝互动。她的粉丝有 7 万多人，她每发一条穿搭图片，都会有很多粉丝询问穿搭经验和衣服的购买链接。而"缺点钙"也总是会针对时尚穿搭内容和粉丝互动（见图 3-11）。

图 3-11　小红书时尚 IP "缺点钙"和粉丝互动内容截屏

有内容，有互动，且十分专业，具备了这些条件之后，一个成熟的社交 IP 就基本可以建立起来了。

第四章

社群运营：小而美的社交电商新运营

社交电商离不开社群运营，事实上很多能够做大的社交电商都是由一个一个小小的社群运营发展而成。只要你建立了社群，你就可以成为店主。在这个社群中，你就是KOL，你可以给成员展示产品，形成高频互动，增强产品体验，形成爆品，甚至还可以在社群内进行培训。这样的方法都能让社群运营得更加丰富，更加成功，有助于社交电商加速发展。

你有群，你就可以成为店主

无论是 Facebook、Twitter，还是我们熟知的微博、微信等，以打造社群为核心的互联网产品快速融入人们的生活。这些社群不仅成为聊天、吐槽的平台，更成为社交电商的平台。通过让成千上万人相互连接，成为社交电商获客与裂变非常有效的工具。早期的雷军、煎饼侠、锤子粉都是运用了社群经济才发展起来的。在当下的社交电商时代中，小而美的社群注定会成为社交电商的有利渠道。

1. 社群对社交电商的价值

我们最常见的社群就是微信群、QQ 群、微博群等。搞运营的小伙伴，都会被要求参与到社群运营中去，但是社群运营很复杂，社群也有它的生命周期，很多社群开始很活跃，后来就变成了广告群，最后变成了死群。

一个社群不单单是一群人的集合，社群还承载了这群人共同的需求、利益点、价值观等等内容。因此，当你花费了时间和精力去运营一个群之后，你的产品或者内容就可以在这个群里击中成员的痛点。

你的产品要围绕用户在社群展开，那么用户的痛点在得到解决之后，自然会为你的群做贡献。这个贡献就是付费购买你的产品，并且形成一个个无形中的传播和宣传通道。

2. 用社群宣传自己的产品

想要在社群中销售自己的爆款，形成社群转化率。我们不能太急，心急吃不了热豆腐，我们需要懂得循序渐进的道理。

我们以知识付费为例，看一下，在社交零售下，知识付费是如何依靠社群做起来的。"魔脉演讲"是知识付费产品中比较成功的一个。魔脉是一家以演讲教育为核心的教育培训品牌，在知识付费的风口下，也快速加入其中。

"魔脉演讲"创始人铁军说过一段话：

"用知识付费成为流量入口，打造铁杆粉丝的真爱，汇聚一群有共同属性的人，从而完成更多的商业形态的变革，是这个时代赋予知识付费更大价值所在！

"任何一家优秀的公司必然会成为一家知识付费型的公司，也必然会成为一家媒体化传播性公司，因为这才是客户发展运营，深度挖掘，最有价值的存在形式，我们把它称之为'社群'！"

2017 年 11 月 29 日晚 7 点，知名互联网自媒体"栗子公会"邀请铁军老师，为大家分享他的创业经历。

而这个方式就是利用"栗子工会"的微信社群来进行。在这群中，铁军没有一开始就将自己的知识付费产品推广出去，而是先分享了一个"网红老师"的创业之路。没错，铁军走的就是循序渐进的路线。

铁军对创业之路的分享包括三个方面（见图 4-1）。

当用户十分积极地响应，并且认可之后，铁军才慢慢地将自己的知识付费产品推出，因为有之前的铺垫，铁军老师的知识付费产品在该社群中很快就获得了较高的转化率，有 80% 以上的用户都选择付费购买。

像铁军这样的方式是属于"欲擒故纵"的推销方式。只有得到群体认同，做好前提铺垫，你的产品才有可能获得好的销量，甚至形成病毒式传播。

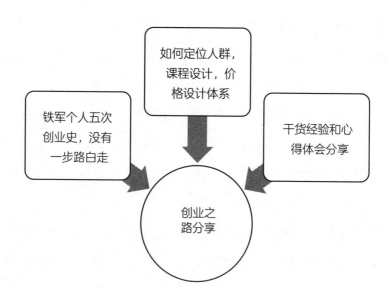

图4-1　铁军创业之路分享的三个方面

卖知识产品和其他产品是一个道理，我们需要在经营好社群的同时，将产品循序渐进地推广出去，用社群这个渠道完成传播，有效实现转化。

3. 解决社群五大需求

（1）针对有效内容做优质筛选评比处理，引发优质内容产生更多有效的价值。

（2）明确用户可以获得短期价值和长期价值，一定要有切实可执行的方案，针对不同用户描述不同利益价值。

（3）给予用户最大价值的入群寻求帮助，第一时间回复或代接回复用户反馈的内容和用户需要帮助的问题。

（4）加强社交的门槛开放程度，增添入群门槛和做好群组分类，类比交叉运营，拒绝社群大染缸，营造良好的社群运营环境。

（5）将用户变为社群管理的一部分，在社群运营过程中，多给用户留出发挥的空间，建立激励机制，彰显用户在社群中的地位和存在价值。

　　当然了，仅是围绕着这些还不行，社交电商还应该打通社群圈层的通道。换句话说，你的产品需要周围的人都购买才可以，即产生一个"群体认同"信任力。在这方面，"罗胖"罗振宇就是很好的代表，他从早年的会员制到当下的知识付费群，积累了很多人群，而且每次的爆款一出来，都能得到病毒性的传播。

　　社交产品想要得到"群体认同"，获得圈层认可，必须要走高品质社群路线。高品质的社群才会成为高品质内容的分享、变现工具。

社群 KOL：培养社群领袖，缔造社群影响力

当下是内容营销、社交电商、KOL 的时代。越来越多的品牌都在与 KOL 合作。当然，与那些真正的大咖合作的成本很高，因此，在社交电商的当下，很多创业者开始打造属于自己的社交 KOL。

消费群体的个性化，以及购买的便捷性一定会影响消费者的购买行为。他们将不满足于单纯的销售渠道，更专业、更具有针对性的平台，将能更精准地锁定目标消费群体，所以未来个性的，甚至是定制的服务会越来越受欢迎。

在未来，社交电商最大的出路就是依靠社群 KOL 来实现更多的匹配销售，从而创造更大价值。

1. 找到该领域中最专业的意见领袖（KOL）推产品

社交电商想要做社群营销，实际上是没有付费门槛的，所以要做就要做好，否则很可能会给用户带去不好的印象，打消用户的积极性。所以，我们在进行社群推广时，最好找到行业内的意见领袖做引导。这样不但在名气上可以吸引用户，还可以在前期提高用户的积极性。

在选择和判断 KOL 时，社会知名度和业内口碑成为重要的判断标准。社会知名度可以从微博粉丝量等方面获知，业内口碑则要通过跟业内专家接触并听取专家意见后认定。例如穿搭时尚 KOL 艾克里里，美妆达人毛小

星等。

此外，我们还要推敲这个内容是不是有让 KOL 推的必要。

有些产品没有必要或者不需要用社群来呈现，那么我们就应该选择其他的方式呈现，而不一定非要以社群形式表达。

当然了，想要邀请知名 KOL，还需要增加社群课程等附加值内容。

打个比方，用户花 99 元买了这门课程，在宣传页就能获知课程内容，但是我们在线下还可以给用户提供一些其他活动，还可以推出一些衍生品，这些都是附加值，可以吸引用户持续购买和制造无形宣传。

2. 持续输出优质内容，自产 KOL

想要在社群中成为 KOL，需要做到三点（见图 4-2）：

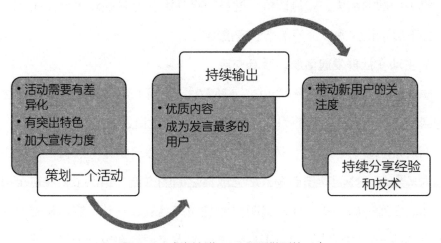

图 4-2　成为社群 KOL 需要做到的三点

在这方面，健身软件 keep 做得很好。在推广初期，运营团队就启动了代号为"埋雷计划"的行动计划，5 个人在产品上线前一个月，活跃在各类 QQ 群、微信群、BBS、贴吧，以及豆瓣小组里。

在近百个健身类的垂直社区、社群里，通过长期连载发布品质较高的健身经验贴培训固定的读者，通过长期和用户沟通交流，成为发言最多最活跃的用户，最终成为"意见领袖"。甚至创始人自己也经常潜伏在健身主题的 QQ 群中。

形成 KOL 之后，KOL 会在后期引导用户从关注内容向关注产品进行转化。当 keep 正式上线时，运营人员将这些帖子同时引爆，几乎是在一夜之间，通过已经积攒的 KOL 话语权告知广大读者，之前优质的健身经验分享内容，都是通过一款名为 Keep 的移动工具来维持的。

此时的运营人员也不能闲着。将产品下载链接呈现出来，推荐大家体验，将用户转化为 App 用户，甚至实现了在一个 2000 人的 QQ 群，发一次链接平均下来可带来一百多次下载。

集中引爆的结果，就是让整个健身圈都开始议论 keep，Keep 在 iOS 渠道的日下载量也快速以上万的增长速度爆发。

3. 主动在社群发起话题，活跃交流

想要成为一个合格的社群 KOL，还需要通过不同角色的划分，然后主动挑起话题，活跃交流，从而引发持续的讨论，建立良好的社群氛围。

面对那么多社群成员，欲成为 KOL 的成员必须要等待时机，然后主动在群内多发起一些活动和话题，加强成员之间的交流。当然了，在这个过程中，你需要发一些干货，让成员明白你是懂产品的，甚至认定你是专家，这样就会形成一定的影响力。对于后来进群的人来说，你也就成了先导，自然而然这个 KOL 的影响力就形成了。

例如，作为美妆群的 KOL，可以给自己设定一个固定时间，例如每周二四六晚上 8 点，在群里发布自己做护肤的视频，然后给出一些有见地的护肤意见和想法。随着你的影响力增大，群成员就会陆续询问你的产品和使用状况，这样你的 KOL 就基本可以建立起来了。

产品体验：鼓励社群分享产品使用体验

产品体验是什么？是指能让用户亲身感受到某产品的作用，以此来实现身心的愉悦感。因此，这个前提就是让用户使用产品。在社交电商的趋势下，即先销售出去一部分产品，让这部分种子用户把使用体验分享在社群中，形成良好的产品体验，从而带动更多的用户购买和使用。

很多社交零售产品最大的成交地就是社群，这远远大于朋友圈或者其他平台。社群可以让一个新客户一步步变成老客户。换句话说，朋友圈相当于实体店面，可起到展示、导引的作用，而社群则是实体店的老客户系统。建设老客户群会让你的产品体验能得到更有效的宣传。

1. 给社群成员带去持续的场景需求

用户进社群的目的是什么？是为了满足需求。这个需求或许是从物质上得到，也就是通过购物；又或者是精神上满足，即提升内在。总之，用户需要感觉到一种充实感。

千万不要让成员觉得在你的群里是一种浪费时间的行为。譬如，我们在书店买了 100 本书，但是真正看完的只有 10 本。同理，在你的群里，看了很多产品介绍，却觉得非常无聊，没有触及他真正内在的需求。为什么？

根本原因就是缺少体验感。

体验感做得好，用户的复购率就会很大。

用户的满意是大多数复购的基本前提。用户都明白一个道理：货比三家。如果他能够持续在你的群里购买产品，那么说明在你这里获得了体验感，有了场景上的需求。

因此，问题的关键在于你的产品能不能提供持续的需求场景。

想要做到这一点，你必须要把自己的产品嵌入用户的生活方式中，让他觉得这是自己生活的必备组成部分。

例如有一个知识付费产品的老板，在一个群里是这样推的：

"去了那么多同样的地方，为什么别人手机里的照片比我显瘦，比我美？试过 N 多种美图软件，怎么一直找不到简单操作的方法？与其羡慕别人在朋友圈晒出美照，不如拿出一个小时学会专业级的拍摄技巧，配合简便的后期工具，你就能成为朋友圈的摄影师……

"通过这次讲课，你将会知道：如何用手机拍出大片？怎样让自己的朋友圈照片看起来更高端时尚？'懒癌'和'手残党'如何一键调出风格明显的照片？"

从上面内容中，我们可以看到，这个创业者把日常朋友圈的照片分享作为用户的一个场景需求，并且抓住这个场景，在社群中加入其内容，给用户带去持续的场景需要，从而带动了用户的积极性。

2. 将不同属性用户分类，提升不同体验

在展开这个方法之前，先讲一个案例：

一个做减肥类产品的人，为了夯实自己的用户梯队，他搭建了几个减肥社群，把自己公众号和微博里的很多用户都拉到这个社群里，督促大家一起努力减肥。

他对这些社群真的是很上心，花了大力气去运营它，每天都会让社群成员汇报自己的锻炼成果，每周汇报自己的体重，以此来督促和鼓励大家减肥。

按理说，这个社群的所有用户都是奔着减肥去的，应该说用户目标和属性趋于一致，但后来发现，即使是在减肥这件简单的事情上，用户的属性依然呈现出了不同的层次。

比如有的用户超级肥胖，他的目标是减到微胖；而有的用户呢，则是从微胖向正常身材减肥；还有的用户呢，并不胖，只是向健身的方向去努力。

用户目标一致，但是属性却完全不同，结果他又把这些属性不同的人归到了一个社群中，这就造成在实际的运营过程中，出现了很多问题。

比如周末举行的登山活动，微胖和健身用户都很享受其中，但这个活动对于那些超级肥胖的用户来说就是噩梦；做健身操这种活动，超级肥胖的用户很乐于参与，但健身用户却又不太热衷。

大家互报体重互相打气的环节也是如此，超级肥胖的用户好不容易减了一些体重，但健身用户爆出的体重对于他们来说则是一个很大的打击，尽管他们一直在努力减肥，但依然会感到很气馁等等。

后来，这个群主很快察觉到了这个问题，果断地按照体重重新进行了分群，将目标一致，用户属性趋同的人归到了一起，从而更好地稳定住了社群的局面。

所以我们建议大家在搭建社群的时候，哪怕用户们的目标是一致的，但也不要什么用户都往里面拉，而是分析好用户的属性，进行有规律、有条理的划分，才能让社群更加稳定。

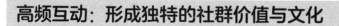
高频互动：形成独特的社群价值与文化

对于社交电商来说，社群运营最重要的是什么？是粉丝。社群的核心也是粉丝。因此，如何让一群粉丝持续活跃就成了社群运营的重中之重。

运营者经常遇到这样的问题：起初粉丝们都很热情，一起讨论一起交流，可是没过多久，潜水的人就越来越多。有些用户想要交流，却无人回应。其实，这就是社群不活跃的表现。那么，从运营的角度讲，我们如何提高社群的活跃度呢？

在这里，有一个最重要的方法，那就是互动，而且是高频互动的模式。

那么如何实现社交电商的社群高频互动呢？

1. 用仪式感打造高频互动

很多人加入一个社群之后会受到冷落。来看下面这个案例：

一个成员加入社群后，没有人招呼，没有人介绍，没有人注意，于是他就一直在那被晾着。冷冷地看着大家热火朝天地聊天，直到几天后，才有人注意到他，甚至在某些时候根本到最后都没有任何人注意到他。

这种社群缺少的就是仪式感。那么该如何打造呢？

如，当新人加入之后，群内管理员可以要求成员修改名片，发表情，发自我介绍等。然后群成员还要带领其他活跃成员一起欢迎新成员，还可以选择送花、鼓掌等。

当然，这些只是简单的做法，但却已经大大提升了用户体验。我们还应该做到让社群阵营的"缝隙"再小一些。

例如下面这个社群：

这是一个做母婴产品的社群，成员加入其中之后，群成员像本能一般表示欢迎。同时管理员、运营人，以及副管理员，很快地加了这个成员的联系方式，并且友好地向他介绍了一下他们的社群。在简单了解了新人的一些基本情况之后，还会邀请他在当晚的新人环节上介绍自己。而在新人介绍完之后，新人也会得到一份社群成员的简要介绍，同时该社群还为新人进行了成员配对，来让老成员引导新人快速融入他们的社群。

整个这一套流程下来，新人从进入该社群到最后融入，丝毫没有任何的慌张、陌生之感，这个用户体验当然会提升得更好。

所以对于社群新用户的引入仪式和流程，我们认为应当更加细致且紧密，毕竟一个人突然进入了陌生的环境之后，如果可以通过运营的手段化解他防备的本能，那这个用户对于社群的归属感，无疑会大大增强。

2. 组织活动来引起互动

我们还可以用组织活动的方式引发社群内的互动倾听。

例如，可以在社群内多搞一些活动，吸引种子用户加入讨论，这种方式也是很多社群群主比较喜欢的方式。活动的好处是可以快速抓住用户眼球，互动性较高，传播性也很高。

但是在一开始拉"种子用户"的时候，一定要定位好你的活动文案，找到一个互动的话题，然后了解用户的需求，为用户解决需求。

在这里，还需要注意一点，在活动流程设计中需要进行细节上的斟酌：

你的主题是不是能引起用户的注意？这需要我们能占用最短的浏览时间突显出主题，明确主题，让用户一目了然。

你的互动主题能不能给用户带去互动下去的冲动？这要求我们充分了解用户的需求，满足用户的需求。

如何和用户建立互动？这需要明确你的活动需要用什么方式让用户参与，可以让种子用户更容易加入到互动讨论中。

做这些活动的最终目的是什么？这需要你搞清楚，你到底想让用户干什么，这不仅对自身的微信群重要，对潜在种子用户也是至关重要的。

活动能不能引起这些用户自发地分享？这需要审视了解你的主题的广泛性，明确一个主题互动所能带来的病毒传播效果，只有这样才能策划出一个更好的互动主题。

吸引第一批"种子用户"的方式有很多，这里不再一一赘述。制定了吸引"种子用户"的方法以后，我们还要制定详细的实施方案，并保证执行下去。

3. 线上和线下相结合做高频互动

绝大多数人一提起社群的互动活动，首先想到的就是线上活动。事实上，一个真正成功的群——有活跃的气氛和感情交流的群，不会局限在线上的活动，而是采用线上和线下活动相结合的方式。

虚拟的社会永远满足不了人们最重要的需求。因此，我们可以用线下的活动弥补线上的不足。例如一个做美妆社交零售的微信群，在群内群主要求每个群成员要坚持完成化妆视频上传计划，但是坚持完之后呢？接下来是不是还组织一次同样的虚拟活动？

这时候如果举办一次线下的活动，就可以很完美地拉近群成员的关系。线下的活动不仅可以让群成员之间有一个面对面互相交流的机会，更可以了解成员彼此真实的生活状态，也让那些在线上无法实现的交流在线下得以实现，堪称是线上活动的一种完美补救。

在这里线下活动的策划就很关键，一定不能是简单的活动，简单的活动无法打动促使所有人参与，参与人数太少，活动举办的意义也就不大。因此，线下的活动一定要别出心裁，尽最大可能调动更多的成员参与进来。

此外，还可以发动群成员进行人群的扩大，让一些骨干成员或者"意见领袖"组织一些其他有意义的活动，不同地域、不同性质的活动多举办一些，培养感情的同时，还能促进深度交流，形成人脉圈。所以一个微信群，只有线上的活动是不健全的，必须要有线下的活动作补充和扩展。如此一来，群内的很多弱关系也会转化为强关系，从而实现社群健康发展的最终目标。

4. 社群互动小游戏

当然了，除了这些比较严肃的社群运营之外，我们还可以借助一些微信群的小游戏来搞活气氛。

下面我们总结出了一些在微信群中比较流行的互动游戏：

真心话大冒险：可以用图片扑克牌来比较大小，输家可以让一名赢家提出要求，以此来互动。

掷骰子：利用动态图片来掷骰子，既好玩又有趣。

石头剪刀布：发动群成员，用文字语言来出剪刀或者石头、布，同时还可以用石头剪刀布的图片来代替语言互动游戏。

抢红包：每当过年过节的时候群内成员都爱玩抢红包的游戏，不只是过节，在其他时刻，想要带动气氛时，都可以用红包的形式来发起互动。

成语接龙：是一种在现实中人们喜爱的互动游戏，在微信群中依然被大家乐于接受。

唱歌互动：类似成语接龙，但是要有一个时间规定，然后最好是用语音的方式来发起互动，这样更能打动人，激发人们参与进来。

形成爆品：打造大单品，引爆社群

小米创始人雷军如是说："在当今互联网时代，要想成功，必须要做出爆品，有引爆市场的产品和策略。你哪怕把温水做到99℃，也没用。唯有沸腾之后，才有推动历史进步的力量。"

社交电商也是如此，唯有实行爆品战略才能有大销量。在社群运营中，爆品战略也是非常重要的一环。

所谓爆品战略，就是找准用户的需求点，直接切入，推出足够好的产品，集中所有的精力和资源，在这一款产品上做出突破，即单点突破。

1、爆品需要具备的三个条件

在社群运营中，我们首先要清楚爆品必须具备的三个关键条件：

（1）一个极致单品

把一款产品、一个卖点做到极致，就能引爆市场。比如斯坦福的两位大学生创立的一款"阅后即焚"照片分享应用Snapchat，就是把一个点——"阅后即焚"做到了极致，这也使得其估值竟然达到了几百亿美元。

（2）找到用户应用点

传统电商时代强调的是价格战术，而在社交零售时代强调的则是应用战术，即找到用户的应用点，而不是聚焦于功能点。换句话说，这个产品要给用户带去全新的体验和精神上的好奇和最终满足感。例如抖音中火爆的"小猪佩奇"，就从"社会人"这个角度满足了用户的需求和好奇，从而打开了市场。

（3）爆炸级的口碑效应

社交零售时代，必须要依靠口碑才能把产品做大。借助社交平台做营销本身就是看准了社交口碑的作用。一个号的社交口碑效应可以引发链式反应，甚至在很短时间内可以引爆全网。

因此，想要在社群做爆款，必须要全面审视自己的产品是否具备了上述三个条件。如果没有具备，那么就要逐一达到，只有达到了这些条件，你的产品才能够在社群中一击即发，成为爆款。

2. 在社群内打造爆品活动

首先，在社群内要制定活动方案。

你需要在社群内突出你所推的产品的优势，通常可以在价格上做文章。例如明确用户可以得到不同于其他网站的优惠。所以，你需要在社群内抛出一个单独的链接。并且伴随着链接需要加强文字描述，如提供低于网站最低价的优惠等。

爆品活动的核心思路主要有以下几点：

（1）优惠的产品，你需要精心挑选，除了考虑当季的市场因素以外，还需要高单价品种与低单价大销量品种相结合，保证客单价与订单均价不会太低；

（2）做好"幕后工作"。由于价格较低，需要与供应商预估出货量，保障不会出现亏损或亏损可控；

（3）为保障出货量，可以对部分需要进行清仓的品种进行折上折优惠，这样更能吸引用户。

其次，通过活动预热。

当制定好活动方案之后，接下来你需要做的是开始进行活动预热。具体的方法如下：

（1）社群内利用小额红包刺激。红包名称就是活动时间，通过小额多发来不断加深用户的印象。

（2）定时的微信群公告。在社群公告中不断强化活动的信息，如活动时间、活动内容等。

（3）通过外露部分活动页面，引起用户的兴趣。

再次，推进活动执行。

在社群内推出爆款的当天，我们需要做到下面几点：

（1）实时跟踪页面UV（访客数）、PV（浏览量）。通过数据了解用户的参与情况，也用数据来评估是否需要客服部门协助进行二次外呼宣传，以及是否需要通过短信群发继续宣传。

（2）了解商品库存情况。部分热销商品容易出现库存量低的情况，需要通知商家及时补充库存。

（3）掌握群内用户的反馈。很多社群用户会有一些临时问题需要解决，这时候，你需要做好"待命准备"。并且还要及时通过群公告，告知活动倒计时时间。

最后，安排好活动周期。

为了养成社群用户的习惯，我们在社群打造爆款时，需要做好周期计划安排。例如每个周六都进行活动，并且每次都会在周四进行活动预告等。同时还要在这个过程中提出产品的品类名称以及功能等，这样也反向推动了活动的精准性和保证了活动效果。

3. 社群推动爆款的流程

第一步，选款。

选款非常重要，我们要选择一款和社群属性相结合紧密的产品。当然了，还有一个窍门，那就是多去观看那些大群都在主推什么，从中汲取经验和教训。

一般大社群都是根据公司的主推爆款来相应制定，比如"双十一"前，很多做美妆尤其是面膜的社群都在做面膜产品预售。

在这里有一个主要的前提，那就是如何确定"物美价廉"的款型？

例如，一款面膜如果在京东、淘宝价格均在五百元左右（相当于高价位），那么它在云集或者其他社交电商平台上的价格就会低很多，而且店主的佣金也很高，再加上销售奖励就更多。因此，这类性价比高的产品就很容易成为主推爆款。

第二步，部署好"统一战线"。

确定好爆款，我们就要聚焦，就要和社群的核心成员做好"统一战线"的部署。

（1）自己先发朋友圈做预热

自己要先发朋友圈做好预热，以一款面膜为例，我们需要分别从供应商、拼单、成分、效果，这几个环节进行氛围营造和产品造势。如"看XXX面膜提拉紧致效果……""同款产品在京东 XXX 元……"

总之，自己需要先认可产品能大卖，然后不断借助社交平台创造氛围。

（2）拉动自己内部成员发圈预热

同上述一样，带动自己的代理、同事一起为预热互动。

（3）群发

利用核心群主或者成员来进行群发。

当我们要推一个产品的时候，所有工作人员需要齐心协力聚焦一个款型。在群发消息之前，需要和同事成员明确四点：

①时间：什么时候开始？

②目标：为什么要做这次活动？

③群体：受众群体是哪部分？

④方法：爆款打造的方法是什么？

（4）晒单

接下来就需要群内核心成员和同事在朋友圈内同步该产品内容，同时还要在群内晒单。

也可以和一些核心成员或者代理约定好，形成统一部署，如谁晒单，怎么晒，谁晒体验等。

第三步，根据社群情况及时调整策略。

根据社群情况调整推动策略主要从社群订单数据、社群"种草"氛围来调整推动款和打法。

例如，你在社群内主推面膜和乳液。最后发现后台的数据显示乳液订单一直在上涨。这时候就需要做出调整，比如暂时不要推面膜，等乳液"走不动"时再换款推。我们必须要清楚在群内推爆款必须要坚持做到聚焦。

另外，如果一直以来用种草的方式在店主群进行销售，一旦种草已经无法引起店主的关注度，这时候还需要改变销售打法。

如果主推款出单的速度较慢时，可以在中间穿插一些引流款发圈销售，比如牛奶、纸巾、面包等低价的快消品、刚需产品。

培训机制：传授干货的同时把产品卖出去

说起社交电商，很多人会想起朋友圈。因为在过去刷朋友圈做微商，卖特产，卖面膜……是常有的事情。有时候一打开微信朋友圈，会发现自己曾经的好友、同学都在做微商，不断刷朋友圈。也许朋友圈做微商曾经火极一时，但是现在很显然，朋友圈做微商已经过时，甚至已经被淘汰。

面对好友的屏蔽，网友的举报，朋友圈做微商的辉煌已经不在。如今是社交电商的天下。此外，很多专业且高端的"无公害"的社群正逐渐完善和成熟。

但是很多人会认为社群运营无非就是：建立群，不断加人，然后人多了，就开始发广告。硬性广告不断，最终的结果是什么？还是伤害到了成员。成员会觉得被广告占满屏，从而退出群。实际上，硬性广告自然是不可以的。如果长时间在微信群中打硬性广告，很快社交电商的社群运营也就会面临下一个朋友圈微商的下场。

那么到底应该怎么在社交电商的模式上运营社群呢？

1. 做软广告分享，笼络住群成员

有很多成功的社交电商创业者做得很好，好到什么程度呢？例如有一个做美妆产品的创业者，他有五百多个微信群，这是一个很恐怖的数字。面对那么多微信群他怎么做呢？这个人十分精明，他首先会划分群，大群怎么做、

113

中群怎么做、小群怎么做，全部规划得清清楚楚。他的化妆品在这些群中做得风生水起。

事实上，他的秘诀就是一开始先做软广告分享，用这些软广告来笼络群成员，不让成员流失。成员不流失，那么后面的一切部署才有的谈，如果上来就硬推广，成员流失，后面计划得再好，也无济于事。软广告主要包括如下形式（见图4-3）：

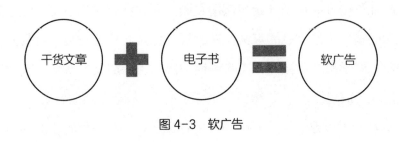

干货文章　＋　电子书　＝　软广告

图4-3　软广告

（1）每天在群里发一篇做社交电商的干货文章

在这里，文章的选取也很重要，可以是你的公众号里面的转发文章，也可以是其他链接中的文章，但最好是原创。随后把这篇文章发到几百个微信群中。发的时候还需要适当地加一些你说的亲切的话语。否则只是发文章，群成员可能会觉得过于机械化从而产生反感，结果会移除群或者将你踢出去。当然，这个文章不能是广告，而是做社交电商的干货文章，文章主题可以是分享如何操作，如何赚钱等方法。

这个文章可以连续发两到三个月，然后感受一下效果，效果威力会很大，粉丝黏性也会很高。那么你就有了一些基本的忠实客户。

（2）每周在微信群里分享一本电子书

事实上，这种做法并不难。制作电子书可以自己动手，网上有很多教程，也可以做一些PPT。然后在上面加上你个人的微信号或者公众号。再分享在众多的群里。

当然这个电子书需要制作精良，让成员看出你是用心良苦制作的。比如起一个非常吸引人的标题，如"社交电商干货大全"、"社交电商实战详情"等。这样的干货电子书一定会很诱人，而且别人只需要在线下载就能免费观看。而鉴于你分享了那么多的干货，人们也一定会对你有深刻的印象。

同时，你制作的电子书或者PPT如果十分精良，有价值，那么微信群成员也会在观看之后乐于二次传播、三次传播。这样就会有很多人关注你，你的粉丝自然就会更多。在群里你的地位也会上升，这些成员也会成为你的潜在客户、意向客户、代理商等。

通过这些方法你可以笼络住大部分的忠实成员，然后接下来就可以进行真正的社交电商营销了。

2. 在传授干货中加入产品

过去我们印象中的朋友圈微商，上来就是放产品照片，然后放上价格，这种灌输性的卖货行为显然不能长久。在微信群中，有了大量的粉丝之后，你就可以推出一些做社交电商的视频，或者讲课培训。例如"免费听大师讲社交零售"、"手把手教你月入XXXXX"等。

最好是通过视频的方式推出，而且这些视频需要有门槛。比如达到100人就封锁群，利用稀缺理论和饥饿营销，吸引下期的成员加入。

当然，在视频中必须要真正地给成员一些干货内容，如怎么做，用什么技巧，分几个步骤等。在这里需要注意的是，在这种视频传授中，需要列举一些例子的时候，就可以把自己代理的产品或者替他人做的产品推上去，巧妙地融合在讲课中，强化群成员对产品的印象和概念。

通过这些强化之后，在讲课的最后，就需要落实真正的社交电商营销了——上产品。比如在最后推出某某的微信号，并暗示加他微信号可以了解产品，可以低价优惠购买甚至免费领取等。

有了前面扎实的铺垫之后，接下来这些群成员一般都会加最后推的代理的微信号，甚至有些成员被视频中的课程吸引，直接成为产品代理。事实证明，这样的效果很明显，也很成功。

兴趣部落是社群最可行的组织形式

社交电商时期，社群的出现给人们带去了很大的便利，人们在线上可以实现互通有无，不但可以直接对产品提出意见和想法，还可以直接购买。这种以社群为主要形式，注重用户情感的社交电商给人们带来了更多的趣味。

社群的出现让人们可以找到同好，然后一起针对共同的兴趣爱好聊天，这样可以形成对某种产品或者服务的群体，他们还可以在线下进行某种社交，为社交电商提供直接的呈现方式，这就是兴趣部落的模式，以部落为单位，回归零售的原始状态。

1. 线上输出有态度的内容，线下聚集忠实受众

社群的兴趣部落方式有一个基本的原则，那就是线上和线下保持某种情感联结，只有这样才能够在线下形成兴趣部落，进而服务线上的业务。

我们以诗莉莉这个酒店品牌为例，看一下具体的做法。

深圳诗莉莉酒店投资管理有限公司成立于2013年。作为第一家提出"深度情感化体验"的精品度假酒店品牌，诗莉莉以"爱与美的共鸣"为核心理念，从"泛蜜月"主题出发，凭借场景式的空间布局、结合当地人文和以美至上的设计理念，以及满足新一代用户深层次情感诉求的服务，在中高端酒店和精品酒店的激烈竞争中，清新出尘，独树一帜。短短4年的时间，诗莉莉的蜜月之火已燃至大理、香格里拉、泸沽湖、阳朔、徽州等地，并逐渐

向全国其他绝美风景之地延伸，以快速完成诗莉莉爱与美版图的构建。

诗莉莉在搭建诗莉莉泛蜜月旅行后，持续产出了大量的高品质原创内容，逐渐聚集起一批与品牌理念契合度高的忠实受众，并明确粉丝属性及需求，搭建起定位清晰、内容明确的内容版图。

诗莉莉品牌市场总监兰臻曾指出，对于内容运营，诗莉莉不仅要求有用有趣，而且更注重其中的情感共鸣与传递，也尝试更多 UGC 内容分享，将受众与品牌的弱关系转换为强关系，诗莉莉品牌最在意的，不是产品售卖，而是在情感基础上催生受众与品牌交流互动的兴趣，以及由此转变而来的消费驱动潜力。

例如，在"诗人故事"版块中，娓娓道来的是闺蜜、恋人、夫妻之间有关爱的故事。可见品牌情感营销之用心。其中，有来自闺蜜们的分享，也有诗莉莉线下为顾客量身定制的求婚或婚礼活动现场内容，更有来自不同恋人却一样美好的爱情故事分享……每篇故事一经发出，受众反响都非常热烈，也无形中强化了粉丝对品牌的归属感与认可度。

诗莉莉搭建了自媒体公众号，借助线上自媒体，将线下的物理空间与线上的虚拟空间融会贯通。一方面，高质量精准内容输出直击用户心理，用户可以转化成实际下单入住实体酒店的顾客；另一方面，线下顾客分享入住体验，以及在入住地发生的爱的邂逅与故事，源源不断为线上内容提供生动素材，并且在线上社群中展开讨论。由此，线上线下形成一个完美传播的闭环。

2. 企业自发激活粉丝，社群发起趣味活动，打通线上线下

很多社群犹如"死群"，粉丝不活跃，自然也就不会带动线上线下的联动，那么兴趣部落也就无法形成。

因此，企业需要自发激活粉丝，发起兴趣活动，让兴趣部落成为社群的组织形式。

我们还是以诗莉莉为例，看一下，这个酒店品牌在这方面是如何做的。

很多社群的广告满天飞，很快就成了"死亡群"，但是诗莉莉却不同，从一开始组建社群，诗莉莉就明确要做粉丝觉得感兴趣、有干货的价值群。基于自有公众号粉丝，品牌区分不同社群受众属性，诗莉莉构建了三种不同类型的社群，例如：单身交友群、店面服务粉丝群、兴趣爱好群。

例如，单身交友群：被称为诗莉莉的"非诚勿扰"，旨在为单身人士提供交友服务，主要分布在大理、丽江、泸沽湖、阳朔等风景绝美之地的7家酒店。同时，与此联结的是线下的店面微信粉丝群，为这些受众用户提供及时的住店、离店咨询服务，同时分享酒店的生活动态。

再例如，兴趣爱好群：聚集起了诗莉莉粉丝当中爱旅行、爱摄影的受众，大家在线上用兴趣沟通的同时，线下也可以参加诗莉莉组织的活动，共同体验实体兴趣带来的乐趣。同时，诗莉莉兴趣爱好群每周还会开展一次在线分享，邀请朋友圈中的摄影大咖，甚至是住过诗莉莉酒店的旅拍者等，以"图片＋语音"的形式，分享摄影地点选择、时间选取、构图技巧、色彩处理等干货知识。同时，诗莉莉也挖掘群内的自有资源，粉丝们可直接发图提问，分享摄影心得，邀请小伙伴共同点评。在群策群力的氛围中，下一堂兴趣课的主题便自发成形。

为了保持社群的自治和活跃程度，诗莉莉还有意地挖掘并培养群中的"平民意见领袖"，让他们自主进行抛出话题、活跃气氛、引导进展、维持秩序等工作，而诗莉莉本身的运营者，则隐入观众席中，成为助攻小分队一员。

成功社群运营的背后，带来的是社群自带消费流量和消费势能，用户裂变为消费者，并在与品牌的持续沟通中，成为品牌的忠实粉丝。这就是兴趣部落社群模式的一种理想的结果。

第五章

视频直播：透过镜头开启零距离购物直播

开启社交电商模式，离不开当前最火热的直播购物。抖音、快手、小红书、微博……这一系列的直播或者视频社交平台都给我们提供着丰富的直播驱动。在这些平台上，我们既有朋友也有粉丝，这些平台便是一个个社交来源和基础。借助这个基础，我们打开镜头，可以将自己或者平台代理的产品直观地展现给粉丝和用户。

拥有与用户高重合度的视频直播

在直播视频营销的当下，很多电商开始借助视频平台来营销和圈粉。例如淘宝直播 TOP10 主播薇娅、陈洁 kiki、大英子 love 等都入驻了抖音发布短视频。

淘宝直播口红一哥李佳琦在抖音只发布了 6 条作品，就圈住了六万左右的粉丝；潮搭主播大英子 love 也在抖音快速吸粉五万多。

那么如何才能在直播中做社交电商呢？

事实上这需要定位，而这个定位的最关键就是要拥有和用户高度重合的视频直播内容。下面看一下具体做法。

1. 找到你的擅长领域

在直播运营的定位过程中，首先需要明确自己的优势，即根据优势来精准定位。我们要清楚自己擅长什么领域，找到这个领域并且精进。这就是所谓的自我定位。只有自我定位准确，才能在视频直播中发挥出先天优势，争夺巨大流量池。

如，在抖音上有一个叫"九匠小老师"的用户，这是一个专门做绘画的抖音号。

首先，"九匠小老师"很确定自己的定位是什么，那就是利用自己的专长来为广大抖音粉丝呈现绘画知识和作品。没错，该抖音用户还有一个私人微博账号，一直都以发布作品作为主线，且拥有一大批粉丝。因此，他做抖音的定位就非常明确，其引流目的也很清晰。

其次，在擅长的领域做抖音。

也有很多类似"九匠小老师"这样的抖音用户，为什么没有做大呢？因为他们没有在擅长的领域发挥出优势。

最后，这位抖音用户每天都持续发抖音。很多人找到了自己专长的领域，但是却没有坚持下来，最终粉丝自然都跑光了。而"九匠小老师"非常有耐心，每天坚持发布短视频，更新抖音，在第一时间给粉丝带去最新的绘画作品和相关的小知识。

这位名为"九匠小老师"的抖音用户不仅在抖音上获得了曝光率，而且还为自己带来了疯狂的引流，他的微博也迅速涨粉。

如何像"九匠小老师"一样找到自己的擅长领域，并且在这个领域内做出与众不同的抖音呢？

答案就是必须要在自己专业的领域内做视频直播。

你的专业是什么，就做什么视频直播。例如你是一个歌唱家，那么在直播平台上就可以发布唱歌的视频；你是一个厨师，就可以在平台发布做饭的视频；你是一个赛车手，可以在平台发布赛车的视频；等等。这样你的视频才会做得更加精准，吸引更多相同爱好的人观看。

2. 客观锁定自己的专长

很多人认为自己可以在不同领域做视频直播，也就是多元化。实际上，这样的想法很可能会到头来一场空。在视频直播平台，真正做得成功的，都是锁定了自己的专长。其方法就是客观地审视自己，找到一个专长领域。

下面是几个具体的细节做法：

（1）思考你所做的事情中得到最多表扬的事情是什么

从事社交电商需要静下心来，好好审视自己，自己到底做过哪些被别人赞美的事情？你可以把这些事情用一张表列出来，比如你对护肤有很专业的了解，对时尚有经验等。这些事情很可能就是你的天赋专长所在，找到它，它就有可能是你视频直播运营的神秘武器。

（2）找到能让你全身投入，并且废寝忘食的事情

很多视频直播者唱歌特别好听，无论是嗓音还是外形，无论是选歌还是挑战，都唱得特别投入，有时候一唱就是几个小时，每天都坚持发视频。这样的原创内容自然会得到人们的喜爱，因为唱歌就是他的专长。

（3）找到你比别人学习快的技能

还有一些专长是后天学习得到的。其实这也是一种天赋，只是平常你很少用到。人们的认知是有限的，很多优势可能连自己都不知道。这需要你多观察和思考自己，也可以与身边的人做对比，然后找到你比别人学习快的技能。

简单来说，就是你做一件事比别人更有悟性，别人需要花费十天，你只需要三天，而且做得比别人还要好。

上述几个方法，我们可以逐一试验，并且自我寻找，运用这种科学的方式，一定可以发现自己的专长，并且锁定它，而后不断培养和训练。

3. 定位女性用户做视频直播

为什么很多社交电商在视频直播中能够火起来，因为这与他的粉丝群体是离不开的，也就是电商创业者与视频用户属性有一个重合。

这类的短视频平台网站，其粉丝多为女性。换句话说，我们在做视频直播定位时，要抓住年轻女性群体来做展开。

一个专门做进口美妆的直播主，就经常在视频中介绍时尚美妆、日韩穿搭等内容，从而引起了大量女性群体的关注与喜爱。当视频做到一定规模或者粉丝达到一定数量时，就可以将自己的产品信息带出来，吸引粉丝购买。

总之，做好视频直播定位，找到自己擅长的领域和用户重合的属性，然后顺势而为地推出自己的产品，这样的视频直播才更有效。

快手带货：10 小时带货 1.6 亿，引爆社交电商新潮流

2018 年"双十一"前夕，在快手视频平台有一个现象，一个快手账号通过 10 小时就带货 1.6 亿。可以说，这个现象提前刷新了"双十一"的记录。这个事情让很多人发现了一个问题：原来聚集了成千上万"十八线小镇"青年的快手，带货能力竟然如此神奇。这对很多品牌、创业者来说，都是一个流量新高地。

同样，在社交电商的创业路上，快手仍然值得深度挖掘。

1. 快手"散打哥"的超强带货力给社交电商带来潜力

为什么快手在"双十一"前夕如此火爆？先来看一下事情的经过。

"散打哥"是快手的超级网红。在 2018 年的"双十一"前夕，有一个现象（见图 5-1）值得关注。

这并非是预告，而是事实。而且这并不是快手的全部成绩单，只是"散打哥"一个人的成绩。

这种带货流量可谓惊人。

活动当天，"散打哥"直播同时在线人数突破 100 万，3 个小时带动了 5000 万的销售额，当天上午 9 点开始，"散打哥"的淘宝店访问人次在两个小时内突破了 1000 万。通过这一活动 10 个小时竟然带动了 1.6 亿的销售额。

此外，除了"散打哥"，在快手上，"娃娃教搭配""大胃王猫妹妹""贝

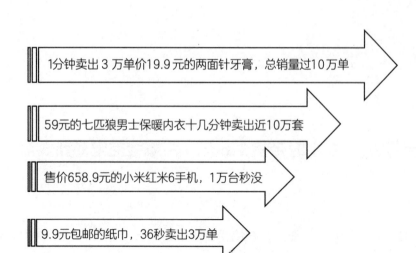

图 5-1　快手"散打哥"2018 年"双十一"前夕的带货成绩

源哥"等网红也都成绩满满。其中，"娃娃教搭配"在直播中带货的一件价格为 78 元的毛衣，短短十分钟之内成交就突破 1000 单，一款亲子装毛衣则突破了 1 万单。"大胃王猫妹妹"通过直播，当晚就卖出 3 万盒酸辣粉。

快手平台的这波操作让很多人跌破眼镜，原来以为快手只是娱乐类的视频直播平台，没想到在社交电商趋势下，其带货能力如此强劲。

由于这种属性，快手已经与淘宝、天猫、有赞、无敌掌柜等第三方电商平台达成合作，用户在快手发布内容和直播时，可添加上述第三方电商平台的商品链接，实现从快手到电商平台的跳转。这个功能为社交电商创业者更是带来了极大的便利。

2. 平台基因 + 下沉用户 + "老铁文化"

为什么快手能够给社交电商带来福音。因为快手具备了三个特点：平台基因 + 下沉用户 + "老铁文化"。

不是任何一个平台都能随随便便成为"带货王"，譬如美拍、秒拍这些红极一时的短视频应用，并未在电商上做出多大业绩。

这其实很大程度上与快手的平台基因有关。快手的用户定位一般是那些"十八线小镇"青年。他们与拼多多用户的重合度很高。既然拼多多能做起来，拥有高重合度的快手也能做成社交电商。

快手的平台机制则是以人为核心，是以人气带内容，而不是以内容带人气。一组数据可以说明快手的平台基因：截至 2018 年年初，快手日均活跃用户数达到 1.3 亿，日均使用时长超过 60 分钟，每日产出的 UGC（用户原创内容）超过 1500 万，原创短视频库存达到 70 亿。在快手用户地域分布结构上，一线城市占 10%，二线城市占 36%，三线城市和四线城市占比分别为 20% 和 34%。

此外，快手平台上有独特的"老铁"文化，这让快手上更容易形成"老铁经济"，粉丝对"老铁"更忠诚，天然地信任像"散打哥"这样的"老铁"，这为带货打下了坚实基础。

正因为有这些特点，快手已联合阿里妈妈、京东联盟、拼多多三家电商平台成立"电商价值联盟"，宣布联盟成员将与快手在流量、数据、内容和社交等领域逐步展开合作，优化升级联盟成员和快手之间资源的合理分配与快速流通，并且努力打造用户体验和商业需求可持续发展的社交电商生态。

很多品牌也发现了快手的这三个特点，例如百雀羚、哈尔滨啤酒等，也纷纷加入快手实现全面带货。很显然，快手已成为更多社交电商和品牌的新战场。

因此，对社交电商创业者来说，必须要充分利用"老铁"文化来实现快手带货。那么，如何利用"老铁"文化来带货营销呢？

（1）选择有实力的快手网红或者有一批"老铁"影响力的大哥

让其以 10 万甚至 20 万人民币秒榜，接下来就是见证奇迹的时刻，1000

件、10000 件……一笔笔订单让存货一售而空，秒榜的费用已经完全赚回。这其实就是快手上草根大哥带货的套路。对于数以万计的粉丝而言，他们看到的是"老铁"大哥的魅力，进而对其推的产品有了兴趣，实现了庞大转化。

（2）大胆尝试和摸索

作为社交电商也可以大胆去尝试、摸索。毕竟，在流量红利渐趋枯竭，朋友圈不再"万能"的形势下，无论是社交零售产品还是大品牌，都需要寻找线上与粉丝对话的空间、自带流量和具有带货能力的渠道。而像快手这样覆盖十八线小镇的视频平台可以很好地给自己的产品带来流量，特别是快消品的社交电商创业者，更适合在快手上大胆创新和尝试。

淘宝直播：在原电商的基础上设立直播社区，增加黏性

现在的很多电商开始做社交电商，其模式主要有两种：

第一种，利用本来就是电商的身份，然后顺带开了一个社区，来增加客户们的交流沟通，增加黏性，甚至引导买卖，比如淘宝旗下的淘宝直播。

第二种，很多卖家意识到原来增强社交属性可以增强用户黏性，并且发现邀请社交领域的 KOL 作为自己商品的导购，商品购买的转化率会更高。

可以说这两种模式成了传统电商转型社交电商的重要方式。这种转型相对来说较为简单，转型的成本也低。

先来看一下淘宝直播这个平台。

淘宝直播是阿里巴巴推出的直播平台，定位于"消费类直播"，用户可"边看边买"，其主要涵盖的范畴包括母婴、美妆、潮搭、美食、运动健身等。

1. 建立淘宝直播社区，顺便卖货

这类模式一般都是从主题社区起家，比如知识付费社区，当社区的人气聚集起来之后，上线一个在线付费教育网站，实际上这就是社交电商。做垂直社区的也是一样，先通过优质内容圈住一批人，然后卖货。

这种模式意在建立一个能满足人们社交欲求的圈子，也就是社群或者社区，请大家来玩，然后顺带卖点东西出去。这种模式线上线下都可以用，只不过到了线上，就成了社交电商。

2. 邀请 KOL 直播导购

在淘宝直播中，我们还可以专门建立导购平台，请 KOL 导购，吸引顾客购买，这样更容易使用户产生信任感和黏性，这种方式跟线下柜台异曲同工，区别就在于一个是线下成交一个是线上成交。因为有 KOL 导购，给用户更强的安全感和信任感，所以成交率比较高。

因此，简单来说，这种模式是利用一切自己可以触达的社交网络，铺货赚钱。触达的范围近到生活圈，远到粉丝圈，甚至包括陌生网络中的好友。

例如在淘宝直播中，有一个名为"七格格家的搭配"的直播。七格格服装品牌特别邀请了知名时尚搭配师来直播，然后引导大家购物。这样的方式可以第一时间吸引这位搭配师在小红书、微博、微信上的粉丝群观看。然后通过淘宝直播的方式展现各款服饰，让更多的粉丝对这个品牌产生好感和兴趣。而且粉丝也会通过观看直播，吸收到达人穿搭的经验，从而将这个品牌推荐给更多的社交好友，这样就形成了一个直播社交圈，实现完美闭环（见图 5-2）。

这种模式主要有三点要素（见图 5-3）：

第一，你必须要有产品，不管这个产品是平台的，还是代理的，或者是自家产的，都必须要有货真价实的产品。

第二，需要有平台或者展现渠道。换句话说，粉丝看了你的直播之后，需要知道该去哪里买这个产品。

第三，要具备潜在用户。每个渠道都有吸引粉丝关注的方法，你需要在前期借助一些渠道和方法去吸引粉丝，例如朋友圈、社群或者微博等。吸引到了粉丝，你才能够在直播时有好的表现。

图 5-2 七格格淘宝直播邀请时尚穿搭师做直播

图 5-3 邀请 KOL 直播导购须具备的三个要素

抖音购物：来自百万粉丝的变现方案

抖音有意无意中，已经成了带货小伙伴们的最佳平台。不仅是线下的各个小吃或者奶茶大排长龙，更是有多款淘宝、天猫的商品也被抖音带火，连卖家都猝不及防。例如佩奇手表带奶片糖、刷鞋海绵、蟑螂抱枕、喷钱手枪等。

许多的抖音粉丝甚至在一些爆红产品的视频下面这样评论："这是我在抖音被种草的第一千个东西。"

很多人认为，抖音是不允许营销行为的。的确，在抖音的规则制度中是不允许过度营销，因此，如果你直接在视频中展示产品或者介绍产品就等于"犯规"，是要被罚红牌的。那么，在社交电商的大趋势下，抖音的带货应该怎么操作呢？下面我们来看一下几种"正大光明"带货的操作方式。

1. 和当地特色产品结合形成社交电商链，在抖音发布消息

很多人在打造淘宝网红产品的道路上跌倒再也爬不起来，事实上不如换个角度，思考一下从其他方面来考虑尝试一下带货的方式。例如，从热点城市的角度出发带货——带动当地特产。

抖音带火了很多城市，例如，"摔碗酒"（西安）"养马岛"（烟台）"洪崖洞"（重庆）等。

不同于大众对以往热门旅游城市的认知，因抖音而"抖"火的网红城市仿佛被开启了新世界的大门。在抖友们实地"打卡"和火前留名的攻势之下，西安、重庆、丹东、西宁、济南……这些城市都因满满的话题被冠以"网红"标签而火爆起来。

以往，提起西安，常常挂在人们嘴边的是兵马俑的气势恢宏、大雁塔的庄严肃穆以及十三朝古都的名气……然而在"抖音经济"热衷猎奇的裹挟发展之下，依托地域特色的西安古城凭借"永兴坊摔碗酒""毛笔酥"等元素在抖音上任性地火了一把。

其中，抖音上单条摔碗酒视频点赞达上百万，西安周边商户表示："生意最火时每天可达十五万流水。"有关能吃的文房四宝的单条视频点赞量则高达 180 万。"路人粉"慕名前来打卡，更有十几万人参与了"西安摔碗酒"的话题挑战。

总之，抖音带货迅猛的原因与其用户基数、有意思的活动、品牌等等密不可分。其中，最重要的还是来自于乐于分享的粉丝们。因此，只要你发现了一个抖音火爆的城市之后，就可以在这基础上和当地城市的"特产"达成联盟，形成社交电商链接。当然，你也可以针对当地的特色产品展开抖音宣传和引流，如果吸引的人多了不仅会使所推广的城市火爆起来，就连当地的一些特色产品也会随之被带动起来。

当然了，如果你本身就是当地特产店铺的老板或者代理，就更加有必要在抖音上加大引流和宣传，为带动某一特产或者城市变现打下基础。

2. 直接在抖音展示产品的方法

很多人不敢在抖音中直接展示产品。事实上，只要你的产品真正有吸引力，直接展示产品是没有问题的，但是需要注意策略。

（1）产品须符合的前提条件

你的产品必须要符合下列两个前提条件（见图 5-4）：

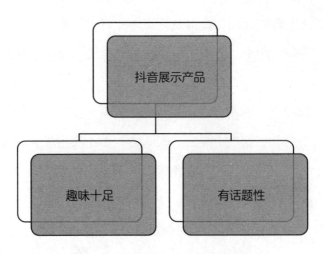

图5-4　抖音展示产品的前提条件

　　具备了这两个前提条件之后，就没有必要绕弯子了，直接用抖音展示产品即可。

　　（2）不可以在视频中透露产品的购买和价格，只要进行展示就好

　　有了上述的前提，接下来就是直接展示。在展示中，你不可以在视频中透露产品的购买方式、价格、规格等。这包括添加字幕和水印介绍产品（绝对禁止）。你只需要展示产品，给你的短视频配个合适的音乐即可。

　　（3）抖音主播亲自上镜，顺其自然让产品出镜

　　在拍摄短视频时，由主播直接上镜，将产品自然而然地流露出来。例如一件衣服，抖音主播可以直接将产品穿在身上，然后全面展示即可。

　　有一个抖音短视频展示的是一个智能橡皮，主播在写字时，直接顺手拿来使用，这样的方式也很有意思。

　　（4）评论回复带出产品信息

　　当你的产品通过上述三种方式展示出来之后，感兴趣的粉丝就会在你的

视频评论中留言询问链接或者产品购买方式。这时候，你就可以在评论中通过回复带出产品的相关信息。到此为止，一个产品的直接展示软植入就顺利完成。

（5）从周边产品做文章

例如有一家比萨店，为了给自己的店铺做足变现，在菜单上做足了文章。老板将一些比萨按照1∶1的比例拍摄鲜活照片，并将其直接印在菜单上。这样的菜单新意十足，获得了十几万点赞。更有很多粉丝和网友在抖音中评论，表示喜欢这样的菜单，进而询问餐厅（意图前往就餐）。如此一来，变现就容易多了。

（6）借助名人效应，推产品

有些火锅店、烤肉店等餐厅就是利用名人效应来巧妙植入了产品。例如"XXX小鲜肉曾来这里吃火锅"、"XXX在这家店里为女朋友庆生"等。制造这样的噱头和亮点，吸引点赞和粉丝的同时，也能为你的餐厅带来更大的客流量。

3. 借助场景，植入产品

在抖音上软植入，还有一种方式：尝试把产品植入到某个生活场景中。

这种方式特别对服装品牌、鞋包类专卖店、美容店等有很大帮助。例如在一个服装店，老板很熟练地整理店内的衣服，这样的方式就是一个最典型的场景植入。再比如，在一个看似像地下停车场的地方拍摄抖音，仔细一看，你能看到大大的"宜家家居"字样，没错，这也是一种植入。这种植入往往效果不是很大，但是却不会被平台屏蔽，当你的粉丝数量增多了，你的变现也就能做得更好。

4. 开通抖音淘宝购物车，直接打通产品

社交电商的产品也可以有店铺，例如淘宝店铺。我们可以在抖音上将店铺插入其中。下面是开通抖音购物车功能的操作。

首先，看一下抖音电商达人入驻标准。

（1）抖音账号粉丝≥1万。

（2）店铺：买家服务评价分不低于行业平均值、店铺等级大于1钻。

（3）商品必须满足下列几个要求：

①店铺宝贝在10款以上；

②商品价格不能高于30天最低价；

③店铺近30天销量50单以上；

④商品必须设置淘宝客，佣金自定。

（4）购物车使用频率：15天内至少需要使用1次购物车。

（5）发布内容频率：每周至少发布3条垂直内容。

（6）相关性：视频内容要与购物车中所添加的商品相关。

（7）广告：一个达人账号对应一家店铺，不接受购物车广告行为。

满足这些条件之后，就可以用手机申请。申请入口："我"→"反馈与帮助"→"其他问题"→"商品分享/购买"→"如何开通商品分享功能"。

其次，来看头条小店入驻标准。

（1）店铺

①店铺内上架3个及以上商品；

②信息分享功能申请通过后15天之内需要有成交订单；

③需要提供其他电商平台的自有店铺链接（以此来证明其店铺的运营能力）；

④需要正常运营半年以上。

（2）账号

①抖音账号粉丝数≥1万；

②一个账号对应一家店铺，不接受购物车广告行为；

③禁售商品：成人用品、安防工具类、医疗类、违禁工艺品类、高仿产品、违法书刊、三无产品、微商产品、宗教类、宠物活体、内衣等。

满足以上条件可以申请账号，步骤为：第一，提交信息分享功能，申请时需要填写运营策略；第二，提交信息分享功能，申请时的手机号需要和抖音账号注册时的一致。

申请完成之后，在抖音的系统之中会找到抖音商品分享功能邀请函。然后，点击详情，出现"入驻申请"的页面，我们填写好相关的信息，然后点击"确认提交"。再返回抖音的主页面，点击"我的商品橱窗"，点击"管理商品橱窗"，于右上角添加商品。如果是自己的淘宝店的商品，可以点击"淘宝联盟"选项，输入淘口令。如果是帮助别人推东西，那么直接在"精选联盟"中输入商品名称即可。点击"编辑商品"，完成编辑就可以了。

微博直播：直播视频推好物，送福利

社交电商创业者还要认识到微博直播推荐好物的功能，微直播是除了淘宝购物直播以外，另一个比较大的购物直播平台。

新浪不仅有微博直播，还上线了自己的短视频 App，我们可以将直播、短视频、微博三个平台联合在一起操作。

微博直播与一直播平台达成合作协议，我们打开微博直播就会看到一直播。相比其他直播平台来说微博的直播比较低调，如果不是经常关注微博的人会极为容易忽视微博已经在"发现"页面下添加了直播入口。

1. 微博直播"红人"商品导购

进入"直播"后可以选择"红人"类别（见图 5-5、图 5-6）。

通过这些直播间的标题我们可以发现，这些直播间都是在做商品导购类直播。

随便点开一个直播间，里面正在由网红直播"优蕴果汁"的视频，视频中主播在一家进口果蔬店内直播，从中挑选出几款产品给直播间的观众。通过这种操作，主播把新浪直播做成了一个以社交为性质的购物直播平台。

2. 加入微博直播间的产品必须要有吸引力

很多人认为，在微博直播上做社交零售，肯定需要视频有一定的特技或者和粉丝有一定的黏度。事实上，这种做法与其视频质量和粉丝黏度并没有

图 5-5 微博"红人"直播

太大关系，在微博直播中粉丝很多的主播有不少，但是转化率高的并不多。

究其原因是在于场景的精准度，要想让抱着消遣心态看视频的用户启动"剁手模式"，还需要极强的吸引力或者说服力。这个吸引力的表现形式就是你必须要在视频中展示让粉丝欲罢不能的产品，直接戳中粉丝内心的消费欲望。

图 5-6　微博"红人"直播

　　这些产品需要具备几个特点才能有吸引力（见图 5-7）。

　　当你的视频中的产品满足了这些条件，就可以实现产品的吸引力和说服力，从而获得粉丝青睐，粉丝自然会顺藤摸瓜。

　　此外，想要让产品获得更多的吸引力，还要在视频中充分展示，这需要主播亲自上手示范。

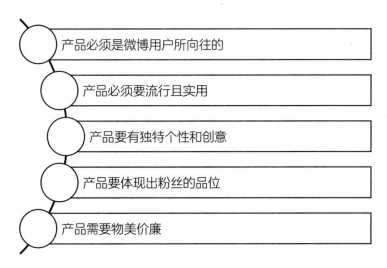

图 5-7　产品必须应具备的特色

很多做美食的微博主播，往往亲自在视频中操作，将一些特色美食的制作方式和步骤展现出来，并且全面体现出产品的特色，这样才令粉丝忍不住想要多看几遍，最终对产品感兴趣。

无论你在直播中展示的是衣服还是食物，都最好亲自"上镜"。例如一款面膜，你可以亲自在直播中做面膜，给粉丝展示出这款面膜的优质特色，这样粉丝才会购买。

3. 借助微博流量入口，打造高级社交直播

微博直播的最大优点就是可以借助微博的高流量，然后打造高级的社交直播，引导微博用户购买产品。

微博是明星流量聚集地，在微博中，一个流量明星的粉丝可以高达几千万，一个明星的超级话题粉丝可以高达几万，发帖几十万，阅读上亿，这些高流量都为微博直播带来了更多的便利。

此外，社会时事也在微博中得到最大的扩散和传播，这种热度流量和明

星流量的结合，给微博直播更是带去了不可估量的价值。因此，社交零售创业者也必须要抓住这个风口，可以邀请流量网红或者明星在直播中推荐产品，也可以借助热点做直播，顺便带出自己的产品。总之，抓住流量，就等于抓住了消费者。

视频直播中一定要记住的要领

运用直播来开启社交电商时，除了要选择合适的直播平台，还应该记住一些基本的直播要领。根据这些要点来设计直播内容，才能让你的社交直播更加有趣，更加吸引粉丝注意，也才能更大程度上实现变现转化。

1. 善于运用滤镜来装饰直播视频

在各大直播平台直播或者录制视频时，都可以选择平台自带的视频和滤镜特效。例如，抖音中为用户呈现了多种视频特效方案。

点击拍摄时的"美化"功能，然后发现在抖音中有两个选择，一个是滤镜，另一个是美颜。

点击"滤镜"功能，这个功能主要是让你的拍摄画面更加唯美，其中更有针对人像、风景、新锐的滤镜分类。分别有日系、年华、非凡、动人、鲜艳等滤镜效果，呈现出来的视频画面既唯美又文艺。

在"美颜"功能中更是有磨皮、瘦脸、大眼等分类，针对自拍人像的美颜处理，可以让你的视频看上去更加清纯艳丽。

此外，当你上传提前拍摄好的视频时，还有特效功能可以选择。

点击"滤镜特效"，会发现有各种方式，如"灵魂出窍"、"抖动"、"粒子"、"线性"、"幻觉"、"70S"、"X-Signal"。我们选择好之后，按住就可以使用其滤镜特效。按照这种方式制作出来的视频会呈现出你想要的效果。

点击"时间特效"，会发现有三类视频特效，分别为"时光倒流"、"反复"、"慢动作"。很显然，"时光倒流"是以逆反方式呈现，给人一种时光倒流的感觉。"反复"就是反反复复呈现出某一个动作，用于强调和突出。"慢动作"指的是放慢动作，让粉丝可以更清晰直观地看到视频中呈现的东西。因此，我们可以根据自己拍摄的视频来选择不同的特效。

有了美丽的滤镜，再加上适合的音效，你的短视频就会变得更加吸引人。

此外，有滤镜的加入，也能让你入镜的产品显得更加美观有趣。

2. 多与粉丝互动

做视频直播时，我们为了可以提升直播间的人气和气氛，可以多与粉丝互动。这需要我们在直播时，注意观看粉丝的评论，并且挑选一些合适的进行回复，从而拉近与粉丝的关系。

如果你不加入互动，就等于是忽视粉丝，这样粉丝很可能成为"僵尸粉"，最终也会"跑掉"。通过这种互动可以让你的视频变热，也可以让粉丝感受到你的亲和力。

（1）互动要及时

当粉丝发出评论时，一般还会停留在你的视频之中，因此这个阶段你需要及时回复。否则评论的轮番滚动会让你无暇看到粉丝的要求。因此，对于那些有代表性的互动，要及时回应。

（2）互动内容要结合粉丝评论内容和视频内容

你的互动内容不可以跑题，需要结合粉丝的评论内容和视频内容，将二者融合，既能扣主题，也能让粉丝有一种被重视感。

（3）互动时要幽默风趣

幽默风趣的互动最能提高一个主播的魅力，而且有趣的互动也能让粉丝感受到你是一个有意思的人，更容易对你转粉，甚至还会转发你的直播。

3. 给粉丝送直播福利

在与粉丝互动时，还可以发送福利，在直播中给粉丝发福利通常是很多红人的做法。例如，答应粉丝素颜上镜，给粉丝在镜头前唱歌，等等。当然了，这里还有一个前提，那就是你必须要知道粉丝喜欢什么福利。只有知道粉丝喜欢什么福利，你才能有的放矢，将直播福利准确地发送到粉丝心坎上。

这需要你做好调研工作，其中最有效的方式有两个：

（1）观察自己曾经发过的直播视频

同样播放量的情况下，有些视频的点赞很高，有些点赞的数量却没有那么高，这说明那些点赞高的视频一定是大多数粉丝喜爱的。

（2）观看互动和私信内容

从评论和私信的内容中了解粉丝喜欢什么，你甚至还可以加入互动，参与到评论中，这样可以更详细地了解粉丝的喜好，可以针对粉丝的喜好总结出更好的福利。

4. 做一份复盘报告

为了做出更好的直播内容，可以做一份复盘报告。在复盘过程中，总结经验则是一个非常重要的环节。前期的目标回顾、结果对比、原因分析都是为了可以总结出有价值的经验，找到自己的不足，然后进行优化改善。从复盘中找到自己的不足，然后发动团队的力量，集思广益，做到优化。

复盘需要明确的要点：

（1）在总结中，我们需要明确从这个过程中可以学习到什么新的东西？

（2）如果别人向你请教，你能给他什么建议？

（3）在下一步的直播运营中，你需要做出哪些改变？

（4）有哪些方案是我们可以直接行动的？

（5）有哪些方案是需要层级处理解决之后再行动的？

需要注意的是，在进行复盘时，我们很容易犯的一个错误就是轻易总结出"规律"，从而导致封闭或僵化。

实际上，复盘主要是针对具体事件的讨论，其得出的结论很可能具有局限性。也就是说，只是在当时的情况下，由这个团队执行这项任务时发生了这样的状况。因此，通过这一次复盘得出的经验或教训并不一定普遍适用。因此，我们不能把当时的认识当成规律。当然，也不排除经由复盘提炼出常见问题的通用对策或一般性规律的可能性。

第六章

扎心文案：一招制胜的"文字游戏"

在传统电商平台中，像淘宝、天猫、京东，主要卖的是什么？是图片。只要你的图片够漂亮，产品够靓丽，就能吸引用户。但在社交电商中，卖的是文案，或者说是人与人之间的某种关系联系在一起的"情感"。

这时候，你的文案就是一把可以扎入用户内心的利剑。有些人的文案可以让产品月销百万，这就是其厉害之处。本章我们就来研究一下属于社交电商的文字游戏。

月销 3000 和月销百万的文案区别在哪里

多少人对曾经"霸屏"的微商特别反感，甚至一提起微商就非常厌恶。为什么？因为他们在朋友圈发布硬邦邦的广告传播，毫无文案价值，用户看到自然非常生气。但随着社交电商的到来，如今的社交新零售，在文案上已经出现了很大的变化。

你们知道这些社交电商的文案创作者有多努力吗？不看不知道，现在的社交电商文案上知天文，下知地理，通晓古今，横跨中外，写得了小说，说得了段子，非常有趣味。

例如下面这个朋友圈的社交零售文案（见图 6-1）：

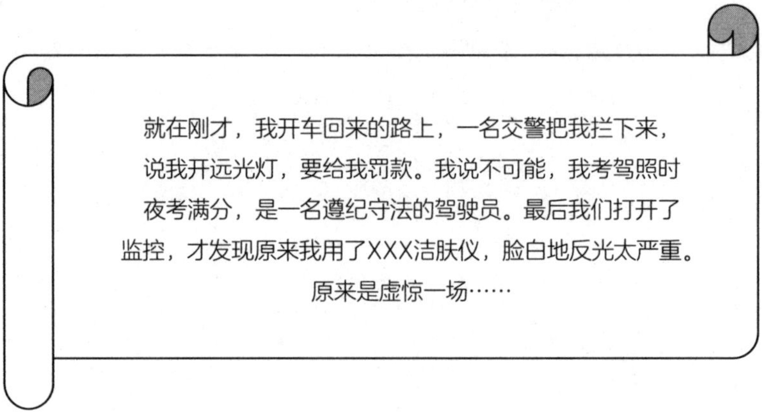

就在刚才，我开车回来的路上，一名交警把我拦下来，说我开远光灯，要给我罚款。我说不可能，我考驾照时夜考满分，是一名遵纪守法的驾驶员。最后我们打开了监控，才发现原来我用了XXX洁肤仪，脸白地反光太严重。原来是虚惊一场……

图 6-1　某朋友圈文案

　　这个文案中不但有故事情节，而且最后反转得非常巧妙，引出洁肤仪的功效。让用户看了也想要购入这个产品。

　　再来看下面这两个文案（见图6-2、图6-3）：

这不是一瓶简简单单的面霜。这里面饱含着天地之灵气、日月之精华，名媛为它买单，神仙为它下凡。情敌用了它，分分钟把你男神拿下。闺蜜用了它，每次合照你都被她秒杀。妈妈用了它，别人根本不相信她是你妈！

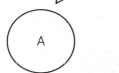

图6-2 A文案

这不是一瓶简单的面霜，它包含了来自法国葡萄庄园的提取素，可以让你容光焕发，年轻有活力。

图6-3 B文案

很显然，A 文案更有生活气息，而且满足了人们的日常场景需求。对比 B 文案，显然 A 更加有说服力。

1. 搞懂月入百万的文案规律

那些月入百万的文案之所以能够火爆全网，是因为遵循了一个文案规律（见图 6-4）：

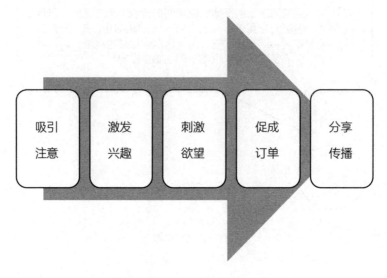

图 6-4　文案规律

当下社交电商的最大属性就是其社交属性。社交属性天生就具有病毒式传播的特点，传播变得随时随地。用户购买后还可以继续为我们传播，传播之后又会进入新一轮的吸引。因此，你的文案必须要遵循上述的规律。

正所谓，社交零售的起点是吸引，终点是传播。

2. 月入百万的文案具备的四大要素

（1）产品

任何文案的最基本要素就是产品。当然，产品不仅仅是指物质产品，也可以是服务产品，统指任何你想推广的社交零售。没有产品的文案就等于没有灵魂，即便文字再优美，用户看完之后也只是对你的文章感兴趣，并没有因此而对企业的产品有印象，更不可能实现购买。

因此，产品是文案的灵魂和基础。围绕产品来写文案是最基本的形式，无论你是在文案的初始或者中间抑或最后映衬出产品，总之，产品是最不可或缺的元素。

（2）受众

文案里有了产品还不够，还有一个非常重要的要素，那就是受众，也就是用户群。读者和受众并非一个概念，读者可以是受众，也可以不是。为什么这么说呢？例如你写了一篇文案，标题非常吸引人，内容也很精彩。那么阅读的人可能是白领、蓝领，也可能是学生、全职太太等等。然而你在文案中最终体现出的产品却是一款孕妇产品，那么这个读者群中就会有一大部分是无价值的。

因此，首先我们要搞清楚自己产品的受众群体是谁？然后根据这个受众群体来选择文案形式、投放平台、标题选择等等。例如，你写的是针对时尚女性的产品，那么你的文案在写法上就要从年轻女性的角度出发，其次在投放平台时，要选择年轻女性经常去的社交平台，如小红书、微博、微信等，这样一来你的文案营销才会有的放矢。

（3）效果

一个成功的文案营销，自然缺少不了效果。没有效果的文案就没有转化率。怎样体现出文案的效果呢？例如，一篇文案能给你带来多少浏览量，多少实际转化量，达成了多少产品交易，等等。

所以，了解了文案的效果之后，在写文案过程中就要秉承效果去进行。想要突出效果除了需要考虑以上两种基本要素之外，还要学会在文案中加入一些案例、使用分析，让更多具有实用价值的信息映入到读者眼中。用户之所以阅读你的文案，并且对之感兴趣，无非是因为对你文案中介绍的产品感兴趣。所以，一定要抓住受众的心理需求来撰写文案，还要给用户带去观看文案的好处，这样才会让你的文案产生意想不到的效果。

（4）特色

一篇成功的文案还需要具备特色。如果都是千篇一律的文案，不但效果平平，而且还难以产生特色，没有特色就没有关注度和传播度。因此，文案需要具备特色要素。

那么如何让文案有特色呢？首先文案一定要有创意，比如采取加入图片、视频、动图等方式；文字上要用一些搞怪的方式来展现等。其次，文章的形式也要不拘一格，要大胆突破传统和守旧，用一些新鲜好玩的方式来展现文案。同时，在内容上，还要展现出你的产品特色，这样用户在阅读时，才能感觉到你的不一样，被你的创意和特色所吸引。

用文案回答用户担心的问题

　　说起文案的一大硬性功能就是可以让用户更容易接受你的产品，换句话说，要让用户从文案中解决自己所担心的问题。现代社会下，广告信息越来越复杂，用户往往变得十分理性，他们不再喜欢那种硬性推销的广告，他们更愿意自己去寻找所要的信息。因此，文案的出现恰到好处地给了用户一种接收信息的契机。软性文案不似硬性广告那样会遭到用户抵触，它能让用户放下心中芥蒂，更容易去接受。

　　例如下面这个文案，主要内容是介绍一款孕妇护肤品。但是一上来却并没有"简单粗暴"地描述产品（硬性推广），而是在文中先是批判了当前很多人因为购买了朋友圈好友推送的产品而受害的案例。如：

　　"Rose 是一位新晋准妈妈，孕期 5 个月的时候明显感受到皮肤蜡黄，素来对护肤美容不感冒的 Rose 把这件事告诉了自己的好闺蜜，不曾想……

　　这位闺蜜是朋友圈的微商代理，明知 Rose 是个禁不起折腾的孕妇，然而在金钱的诱惑下，还是苦口婆心地推荐了自己代理的产品。Rose 用了之后，脸上起了很多痤疮，两人也彻底闹翻了。

　　为什么我们的朋友圈，总是一夜之间就变得人心惶惶，为什么有越来越多从未听过的品牌迅速出现？

　　后来，Rose 在小红书买了一款 ×××（主推产品）——经过全方位科学认证和鉴定，专门对孕妇有帮助的纯天然产品。平台发货时，连同证书一同发来，Rose 对此完全信任。用完之后，果然舒适清爽，心情都变得不同了……"

通过前面一连串的铺垫之后，最后在文案中引出这款 xxx 护肤品，这样一来用户会更容易接受。不仅如此，文案还通过文字铺垫、修饰等各种方式，让用户对广告不再一开始就排斥，而是循序渐进，进入文字佳境，由被动变为主动去寻求信息线索。

1. 明确产品对哪些受众群体有帮助

我们以脑白金当年的广告来具体分析一下：

"过节不收礼，收礼还收脑白金"被评为中国十大"恶俗"广告之一。而这种"恶俗"广告词也被深深印在每个人的脑海中，由此可以看出脑白金的营销团队花费了很大的心思。

营销天才史玉柱为了撰写脑白金广告词，曾在脑白金推出初期，经常去公园、市场等中老年人聚集的地方做调研，与公园里的老人们聊天。脑白金是老年产品，但是，因为价格太贵，许多的老年人都舍不得花钱去购买，而他们的子女却愿意为了父母花这个钱。了解到这个情况后，史玉柱得出，要想卖出脑白金，不能只跟老头老太聊天，最主要的是跟他们的子女沟通。

在这个过程中，年轻人是最重要的受众群体，也就是消费群。他们想要给老年人送礼就是产品文案的媒介。因此，通过这个桥梁，将产品推送给年轻消费群体，然后给老年人带去实际产品。这就是一个解决问题的逻辑过程。有了这个过程，产品的文案自然就出来了。

随后顺藤摸瓜，去那些受众群体常去的社交平台发布文案。

（1）微博

覆盖人群：微博粉丝；

特点：人群偏学生化、青年化；

用户属性：身份一般多为学生族，以 15~25 岁居多。活跃人群一般在 15~20 岁之间。主要以生活、娱乐、游戏为主要关注点。

通过微博发布与讨论，来营销自己产品或者服务。每个人都可以在新浪注册一个微博账号，然后更新自己的微博内容。每天就更新的内容或者大家所感兴趣的话题，跟大家讨论、交流，以达到营销的目的，就是微博文案营销模式。

（2）微信

覆盖人群：朋友圈好友，附近的人；

特点：人群偏中青年，使用相对简单方便；

用户属性：职位一般多为上班族，以 25~50 岁居多。活跃人群一般是 15~45 岁左右。关注者多为高黏性用户。

用户注册完微信后，可以与周边同样注册完的"朋友"形成一种联系，商家可以通过提供用户所需要的各种信息，来推广自己的产品。微信拥有的用户群十分庞大，他们可以借助移动终端、位置定位和天然的社交等各种优势，使每个信息都可以被推送出去，让每个个体都能接收到这个信息，这种文案可以帮助商家实现精准化营销。

（3）博客

覆盖人群：具有一定影响力的人；

特点：一般以女性为主；

用户属性：年龄大多在 18~35 岁之间，本科学历占多数。

在使用博客时，我们要挖掘一些在行业内十分有影响力的博客平台或互联网上的企博网、世界经理人等，通常文案在这些平台上会比一些门户网站等第三方博客效率要高。

（4）论坛

覆盖人群：各行业；

特点：人群偏中青年；

用户属性：主要以上班族为主，30~40岁人群居多。

通常一些行业性论坛，因在行业中的地位较高，通过发布文案营销，其内容会更具权威性。

2. 你需要成为一个合格的社交零售营销总监

为什么要成为一名"营销总监"呢？一个成熟的营销总监可以从全局层面观测市场，可以从市场的角度去分析行业趋势，并能准确把握住企业的营销大方向。文案运营也是如此，只有具备"营销总监"的眼光，才可以全局把控文案操作，让文案更加有效地切入用户的问题层面。

我们以女性运动产品为例：

第一，确定目标市场，做好定位。

需要先调查爱运动的女性人群并搜集整理出数据。从数据来看，喜欢运动的女性在中国越来越多。那么女性运动产品也正处于导入期。尽管如此，很多女性对这类产品的需求并非那么专业，也不是很强烈。这时候，我们可以采用短期广告战略和初期广告战略结合的方式，一方面可以扩大我们的产品知名度，另一方面可以对消费者进行导入。

第二，用"SWOT"理论来分析市场。

S–优势分析：目前我国女性运动产品市场还未完全开发，市场潜力很大。主要集中在25~40岁之间的女性，一般收入较高，具有购买力。

当我们在创作文案时一定要与市场优势相结合，突出产品的市场优势，让消费者更具体地了解产品，促使消费者产生购买欲望，这样你的文案才有的放矢，正中消费者的"靶心"。

W-劣势分析：目标主要是女性，当中大多数对运动产品使用观念不强。

针对这种情况，我们在写文案的时候，可以通过对比，突出运动产品对消费者的好处。文案的文字不要太华丽，也无须太震撼，因为最能打动人心的，往往还是家常话。例如"一条好的运动发带，让你挥汗如雨时也能颜值满分。"

O\T-机会和挑战：正因为有上述女性运动产品市场的优势和劣势分析，我们才能清楚地把握女性运动产品在市场中的机会和挑战。那么作为一些类似的品牌可以采取什么措施来引发用户购买女性运动产品，这是重点。

把握了"营销总监"的角度之后，结合 SWOT 市场分析理论，文案划者就可以在内心有一个清晰的市场轮廓，对未来文案营销的成功打好结实的基础。

3. 文案框架

文案的逻辑结构应该是先以产品的价值点与读者的痛点为基础，然后提出论点，再采用论证的形式告诉读者这款产品能解决他的问题。通过引导读者意识到他的痛点所在，可以更好地激发读者的购买欲望，从而提高转化。

这种方式也是较为普遍的论述逻辑，简单来说就是（见图6-5）：

提出论点 ➡ 摆出证据 ➡ 进行论述

图 6-5 传统文案框架的论述逻辑

通常情况下按照这样的模式写出来的文案，读者往往一看就知道是企业的广告，很可能没有太大兴趣继续观看下去。

随着社交电商文案的多样化呈现，想要写出可以让读者愿意阅读的文案也是有章可循的。我们总结出一套独有的文案框架逻辑模式，一共分为五个步骤（见图6-6）：

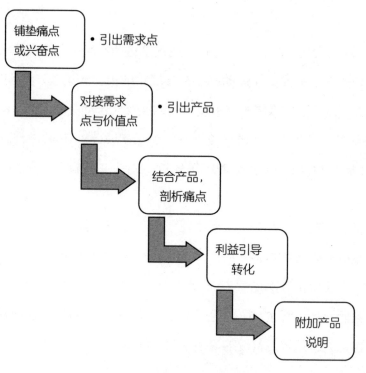

图 6-6　适合社交电商的独特文案框架

在这五个步骤中，痛点、兴奋点、需求点、产品价值点、利益点，是写好文案的重要因素。对读者来说，往往最有感触的就是痛点，最有期待的是兴奋点，最想得到帮助的是需求点，最希望产品为他做到的是产品价值点，最能够引起他行为转化的是利益点。

故事类的文案，永远能引起共鸣

"故事"一直陪伴在我们身边，好像不可或缺的小伙伴一样。

通常，人们在看到故事类文章时都是无法抗拒的。故事型文案也是如此，故事文案通常最能吸引读者眼球、最能感动读者吸引读者阅读。很多时候，读者都是冲着故事来阅读文案，从而对产品产生了兴趣。

"一只费曼"是很多社交平台的好物推荐者，经她推荐的产品，大都非常火热。这并非是这些产品有多么出众，而是"一只费曼"写得一手好文案。

例如，她在 2018 年 12 月，在堆糖社交平台上推荐了一款加湿器，文案是这样写的：

"时间计入 2018 年的最后一个月，节气也即将迎来'大雪'，寒冷肆虐的季节，需要一些暖心的陪伴。没有暖气的南方纷纷开启空调，空气变得干燥。办公室里少不了添置加湿器，缓解下肌肤的缺水。可爱的仙人掌造型，静音小巧，还可 usb 充电……"（见图 6-7）

在这个文案中，作者以时间为线索，引出了当前南方空调房的室内需要一款加湿器，这样的介绍自然而然地贴近生活，让人可以从感官、思想、心理上受到感触，吸引读者阅读，引发读者情感共鸣。

1. 用情感打动读者

在这个世界上，无处不存在情感，我们处处都被"情"包围着！所以，

图6-7 "一只费曼"的故事性文案

要让文案戳中人心，感人肺腑，我们可以借助这个特性。在设计文案时抓住一个"情"字，晓之以理，动之以情，用"情"来感动读者，是文案设计行之有效的一步。

很多成功的文案都采用了这点，例如"老公，烟戒不了，洗洗肺吧！"（某保健品软文标题），"我爱生活，但却更爱你"（某软件软文推广标题），"春风十里不如你"（某网站推广软文标题），等等。

从这些充满情感的文案标题中，我们几乎看不到产品信息，但却不得不说，这样的文案，其感染力是十分惊人的。标题充分利用"情"字，深入到读者内心深处，与读者产生共鸣，这也正是标题最吸引人的地方。

例如，有这样一则文案：

"回家，就是最好的味道。"这是某咖啡产品的社交文案。这款文案中没有体现出产品，但是却配以图片加以一句简单温暖的话，很好地抓住了用户的亲情共鸣，同时，在这种情感共鸣下，驱动对方去购买产品。

2. 故事文案的"套路"

想要写出好的故事性文案，需要套路。

例如下面这则文案——

标题：旅友说我是妖精

文案内容：

"终日和旅友混在一起，登山、下海、风吹日晒。

有一天，两个旅友说我变了。去三亚那么多天，他们脸都晒伤了，而只有我依然白嫩。嘿，我不告诉他们，这都是 XXX 水疗的功劳。"

下面看一下故事类文案的套路模板：

（1）标题先声夺人，吸引用户眼球

当下人们的生活节奏都很快，工作压力也很大。对于一篇文案来说，决定读者是否有耐心继续看下去，很大程度上是由标题决定的。如果标题不足以吸引读者的兴趣，那接下来的内容再好，多数读者也不会去看。

标题的选择最忌讳的是"鸡汤体"。大家每天朋友圈喝到的"鸡汤"已经太多，而且每个人都不太愿意被一个陌生人说教，所以这样的标题，很容易让用户没有耐心去看接下来的内容，甚至会产生一些抵触的心理。尤其是在文案内容超过 6~8 行的情况下，就会在手机屏幕上显示出四个蓝色的字：阅读全文，只有点开才能看到全部内容，那么如果客户对标题都没有兴趣，何谈全文阅读呢。

试想，当看到上述的标题："旅友说我是妖精"，读者脑子里浮现出的是什么？是怪兽，是妖怪，还是狐狸精？人们都有一颗八卦好奇的心，喜欢窥探他人隐私，而标题正是抓住了读者这种好奇的八卦心理，引起他的兴趣，让用户愿意有耐心往下看。

因此，在标题上要体现出好奇心。

（2）事情缘由简单铺垫

在文案中，人们最烦的就是"王婆卖瓜自卖自夸"的那种，特别是故事类文案，需要我们有剧情的铺垫，吸引大家。因此，在文案中要把事情的缘由经过简单介绍一下。这样的铺垫可以让读者对下面的内容有一个心理准备和认知。而且也不至于让后面的软广告内容的植入显得突兀。

（3）植入软广告

文案再美，也需要植入软广告。就像上述文案中，人们在海边旅游时，都晒得黝黑，可是文案中的主人公却依然白嫩，人们一定好奇她是用的什么产品。所以，在最后一句中点题，植入软广告——原来是 XXX 水疗的功劳，在此处并没有讲太多产品的功效，而是设置一个诱饵，感兴趣的读者自然会主动来问，而且是精准客户。

做以"自己"为中心的文案

文案一定要拒绝"自嗨"的东西。但是我们这里要说的以"自己"为中心的文案并非是自嗨。而是要多晒你自己的东西。

有些人可能觉得这跟微商无异，很可能被朋友屏蔽掉。实际上，之所以朋友屏蔽你，是因为你的文案表达方法不对。如果你每次都在朋友圈发广告，朋友自然会屏蔽你。

如果你在朋友圈或者其他社交平台发布一些丰富多彩的生活内容，且配上有趣的文案时，很少有人会屏蔽你。

人都有交际的需求，都希望了解别人的生活是什么样子的。我们满足了别人这种窥探的欲望，那么你的文案也就能够吸引到他。这也是为什么直播视频会那么火的原因。这就是自媒体的价值，我们做社交电商就是要打造自媒体，不要认为自媒体很高大上，其实只要你能拍照发朋友圈、发微博、发平台，你就已经是自媒体了。

想要做自媒体出名，就要大胆地去晒出自己的特色，你敢发就有人看。看对眼的就是你的粉丝。

1. 围绕"3W1H"展开文案攻略

文案的共鸣首先要体现"3W1H"原则，文案作者要从这一点出发。"3W1H"原则也称为"四项基本原则"，弄清楚了它们，就等于找到了文案策略落地所需要的四个支点。

先来看一下，什么是"3W1H"原则（见图6-8）：

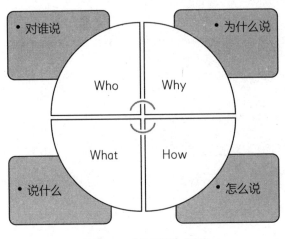

图6-8 "3W1H"原则

（1）对谁说——目标消费者

关于这一点，很显然就是你的受众。你一定要清楚地知道，文案针对的目标受众是谁。你希望哪些人购买你的产品？给这些目标消费者下定义，是制定文案策略的首要关键。

（2）为什么说——文案目标

为什么说，这个话题其实就是你的文案目标是什么。在大多数人眼中，文案的最重要目标就是提高销量。

但其实这种观点混淆了文案目标与营销目标的区别。文案的目标，是指通过文案能达成某种"围观"的效果，它的作用体现在信息的传达上，通常以消费者的反应变量来表示，比如打造产品知名度，增进品牌美誉度、偏好度，建立品牌形象、激发购买意向等等。

而营销目标，通常是用销售额及其有关的指标来表示，如市场占有率、利润率或投资回报率等指标。

所以，文案和销售额不能直接挂钩，但也脱离不了干系，因为他们存在间接关系。可以这样说：文案目标是为营销目标服务的。

可以说，一则文案中所有的文字与图像，都带有强烈的目的性。有的文案为了建立品牌形象，有的文案需要介绍产品功能，有的文案只是一次常规促销方式。这些多种多样的文案形式的最终目的都是为了营销做服务。

（3）说什么——文案诉求

在广泛的文案中，诉求又叫品牌主张，也就是卖点。在这个环节中，我们必须要琢磨和确定广告所要传达的信息。这个信息，就是诉求。可以看出，这个诉求必须是简单、清晰的，这样才能让读者不费吹灰之力就可以相信。

在文案中也是如此，例如你写关于某某护肤品的文案，必须要找到一个诉求点，可以是美白，也可以是补水。诉求一旦确定，接下来的详细文案都要竭尽所能把这个诉求表现出来，而且尽量要表现得淋漓尽致，这样的文案才能给读者带去共鸣。

当然了，好的诉求体现在对人性的深刻观察上面。不论是什么人，人们最基本的动机，也就是马斯洛需求层次理论中提到的那些需求点从未改变（见图6-9）。要想让你的文案充满内在力量，就应该围绕着马斯洛提出的人类基本兴趣点展开诉求。

（4）怎么说——表达用户需求

如何将用户的需求表达出来，这就是文案中的怎么说。在这个环节中，往往是文案创作中的核心部分。你的文案，能不能杀出重围，让读者看得到并记住，主要就是在这个环节中实现的。你需要从两点入手：

第一，注重创意，尽可能用创新的方式传达用户需求。

第二，通过某种气氛渲染来反映产品。

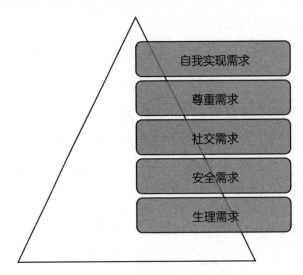

图 6-9　马斯洛需求层次理论

2. 文案内容注重身心触感

除了上述的"3W1H"原则可以让你的文案表达出"自己"这个中心，并且获得用户共鸣，我们还应该注重凸显身心触感。让你的文案呈现出一种强烈的真实体验感，给用户带去身心上的体验和感触。这需要文案作者将自己的真实感受形象具体地体现出来。

例如我们以销售保健品为例，作者需要在文案中加入自己购买保健品时的心理需求和对健康的想法，给用户呈现出一种"难以达到"的状态。在文案中，我们还要在最后体现出一种可以实现这些要求的内容。如此一来，用户也会随着你的内在身心感触而关注你的产品，从而引发共鸣。

文案内体现身心触感的方式是，加入自己的个人经历，着重描写心理需求和变化。这样的文案表面上是写自己，实际上是让读者在你的心理变化上找到共鸣。

你卖的不是产品，是梦想

在传统的电商平台中，如淘宝、天猫、京东……商家主要卖的是什么？是图片。但是在社交电商中，卖的却是文案，而文案则主要体现着人与人之间的某种关系或者情感。

这两种电商形态有着很大的区别。消费者在天猫、京东，最直接的目的是买东西，甚至直接搜索所要的产品。而在社交电商中，当你成为某一个推荐者或者 IP 的粉丝时，他推荐的东西，你会用心去关注，在情感和需求的双重作用下成交。

社交文案中，要更着重体现出消费者的内心想法，给予他内心的共鸣和感触。

1. 在文案中给予消费者一种支持

我们在写文案时，一定要学会观察用户。当你了解到用户群体的某些言行正面临指责、怀疑和否定时，那么你可以立刻写一篇文案去支持他们，站在他们一边，将他们的行为合理化。这样一来，他们就会觉得你犹如自己人，在感情上会更加认同你。

在这方面，阿迪达斯曾经做得很好。针对当下年轻人经常被人指责太傲慢、太浮夸、太幼稚、太个性等问题，阿迪达斯直接在文案里支持这些年轻人，大胆喊话：太不巧，这就是我！

这条文案其实就是帮助年轻人合理化了自己的行为，让这些年轻人感觉阿迪达斯很懂他们，他们自然而然也就会选择阿迪达斯。

所以，从某种意义上来讲，就是抓住受众群体面临的问题，然后在恰当的时机给他们一个安慰和支持，让他们听到共鸣。

给消费者支持就是给消费者一种认可，在文案中就是通过短短的文字体现出来，这样的方式更加有力度，可给予消费者一种力量。

2. 用聊天文案，挖掘对方诉求

想要引起读者的共鸣，还需要和需求者进行聊天，不断挖掘出他们的诉求，这样能更加有效地引发读者的共鸣。当然了，还可以在文案中直接体现出与需求者聊天的故事，将这些过程填入文案中，让读者去阅读一个又一个与自己相似的故事，这样也能激发他们的共鸣。

例如，微博自明星"洛凡"在一条推荐化妆品的微博中，文案是这样写的：

"最近和朋友们聊天的时候，说到了怎么样才能过上自己想要的生活。最终我们都认为，人生还是得多折腾、多尝试才行。

正如我对于护肤品的选择，敏感肌的我也要亲自买来一一试过，才肯点头说：这就是我想要的。ALBION 这款健康水是我近期发现超适合我肤质而且很好用的护肤品了，所以迫不及待地来给你们种草啦！"

这篇微博的文案很简单，但是却利用了聊天的方式挖掘出了对方的诉求，然后表达了自己的观点，同时送上了推荐的产品，非常巧妙，也非常有共鸣。

3. 将身边的事情写入文案，让用户更觉真实

如何制造原创事件呢？首先，一种最有效的方式就是将身边发生的事件写进文案。人们对于真实贴近生活的事情往往十分感兴趣，因为这些事件往往就好像是自己日常的真实映照。因此，这需要文案写作者不断挖掘身边的真实事件，过滤和筛选一些有意思的事件，然后再通过自己的文采写出来，

给用户带去耳目一新的感觉。

例如，"昨天一个同事说自己不被大家理解。我跟她说：'如果每个人都理解你，那你得普通成什么样。'就像XXX，不俗却有型。"

用身边真实的事情来映射产品，突出产品的特色，同时给消费者带去鼓励和支持，让他果断购买你的产品。

4.写出消费者的感性诉求

写出消费者的梦想或者心里话，实际上是一种感性诉求的方式。

感性诉求主要通过影响用户的情感、情绪，引起他们的共鸣，进而产生认同。

方法主要是利用消费者的正面情感，比如爱情、友情、亲情、梦想的非阴暗面和"小确幸"、治愈系等风格，唤起用户的愉悦，并将这种愉悦延伸至产品上，形成好感。

例如下面这则文案（见图6-10）：

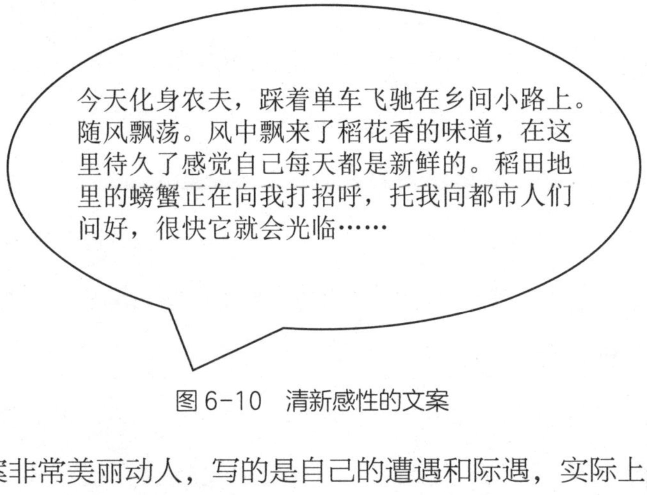

> 今天化身农夫，踩着单车飞驰在乡间小路上。随风飘荡。风中飘来了稻花香的味道，在这里待久了感觉自己每天都是新鲜的。稻田地里的螃蟹正在向我打招呼，托我向都市人们问好，很快它就会光临……

图6-10　清新感性的文案

这个文案非常美丽动人，写的是自己的遭遇和际遇，实际上是写稻田蟹产品的文案。可以说作者在文案中营造出了一种独特的感性诉求，非常让人向往这种田园生活。

成交文案的关键是身份转移

一直以来，人们都把营销当成一种双向博弈。换句话说，一方的收益意味着另一方的丢失，商家和消费者总是处在敌对的两头。商家会想办法从消费者身上获得时间、资本，在这样的思维下，用户就成为一个个的"猎物"，被各式各样的广告信息所"围猎"，甚至被俘获。

但是随着社交媒体的兴起，这种模式逐渐被打破。媒介的下沉与传播的碎片化，给用户带去了主动权。他们可以对产品和品牌进行主观的选择和"操控"。而且消费者对产品的某种认知会被当成是对其他潜在客户的一种影响。这种影响的成本和效率则远远高于以往传统广告的任何一种形式。在此背景下，一个个真实的普通用户，尤其是他们当中的"意见领袖"以及小团体，替代了传统广告，甚至决定着产品的口碑和销路。

说了这么多，最重要的一点是，当下的社交电商创业者想要让消费者对产品获得好感，必须要改变身份，不能再把消费者当成可捕捉的"猎物"。

1. 改变身份，让消费者参与其中

当我们发现自己的"林子里"已经没有多少猎物时，就需要做出改革。

新的传播环境下，变"猎物"为队友，也就是要给予用户充分的自由度，调集他们在整个营销过程中的参与度，并促进他们输出正向评价。

这时候的传播已经不再是孤军作战，品牌主身后的用户就是品牌自己的财务资源，接下来就是如何利用好这些资源了。

在这方面，2016年，美国巧克力豆品牌M&M'S把巧克力豆口味的决策权让给用户。品牌主利用移动互联网的终端发起一场"调研"，让客户在蜂蜜、咖啡和辣的花生巧克力豆三种口味中做出筛选，选择最喜欢的一种口味。而最后的结果是咖啡味胜出，成为M&M'S的畅销口味。

实际上，真正高明的是，这款产品的三种口味在内测研发阶段时，就已经确定了咖啡味的受欢迎程度高于其他口味。但是，品牌却还是要利用这种互动参与的方式进行交流，主要是想要借助这次改变来让用户接触自己的品牌，让用户获得参与感，建立起双向交流。

在文案的写作中也是如此，我们必须要改变自己主导者的身份，让消费者成为主导者。例如一家酸奶品牌的文案是这样写的："想不想每天拥有轻松畅快的感觉，试试这一杯畅活乳酸菌。"

从"猎物"变成了"队友"，参与感成了不可或缺的因素。一场带有"个性"化的互动、一套奇趣的方案，都有可能将用户转化成与你并肩作战的"队友"。这种方式能够在潜移默化中拉近与用户之间的距离，为营销注入强大的话题性和自主传播能力。

2. 互动文案

一家具有移动新零售概念的商场发布了这样一篇文案：

"# 奇妙圣诞特快巡游记 # 我们很高兴在圣诞精灵小镇上已为很多大小朋友送上了圣诞欢乐。圣诞邮局成为最受情侣和家庭喜爱的幸福拍照地，惊喜工场中的每颗扭蛋都装满礼物，圣诞特快VR影片更是不能错过的体验。预告！圣诞老人将降临颐堤港。圣诞派礼：关注@颐堤港INDIGO并转发微博说出你的圣诞愿望，12月10日我们将抽出3位，获得'颐堤港定制圣诞徽章及U盘一套'。"

这种文案就是典型的互动类型，不但将自己的活动展示出来，而且也给用户带去了互动参与的方式，很大程度上调动了消费氛围。

美国广告界科学派的代表人物霍普金斯写过一本《科学的广告》，里面提出，卖点是任何广告形式都必须要突出的，没了卖点的广告只能是优美的句子，不是广告。

文案也是同样的道理，在文案中突出卖点，其实还有一个非常有效的模式：根据卖点来设计软文。

这种文案形式有一个模式：根据卖点来设计互动文案。

很明显，大前提是必须要了解产品的卖点都有哪些。

第一步，我们要先理清楚产品的卖点思维。找到一张纸，在纸上罗列出产品的卖点，可以用思维导图的方式，既清晰又明了，方便我们总结产品卖点。

第二步，找到最突出的一个卖点，然后围绕这个卖点策划文案。

第三步，整合卖点，用故事方式吸引用户阅读，带领用户进入阅读状态，最后在文末抛出整合之后的卖点。

第七章

活动促销：制造让客户非买不可的让利优惠

　　无论是线下实体店还是线上电商，都需要不定期地做一些促销活动，以此来维护老用户和吸引新用户。那么社交电商是否也需要经常做促销呢，答案是肯定的。也许很多人觉得既然社交电商侧重于社交，那么是不是跟其他的商业模式的营销活动有所区别？

　　本章就着重介绍关于社交电商的一些活动促销方案，看看社交电商的活动促销方案应该如何操作。

通过超级 VIP 制，赠送创业大礼包

在社交电商的活动促销方面，我们必须要清楚一个原则，那就是只有让利才能有收入。

谁能真正让社交分享为平台所用，在用户分享社交的过程中，让分享的人、看到的人都能从中获得实打实的利益兑现，谁就能领先发展。此外，还有一个重要的环节，那就是如何确保平台上的产品品质，进而让社交电商不至于因为口碑差而占下风。

尽管社交电商赛道上挤满了各路玩家，但是仍然有大量的市场机会存在。成功者必须要通过高效的机制、模式和产品品质带来一定的口碑效应，让分享的人数变多、收益变大。这样才能在社交电商赛道上成为强者。

在这方面，社交电商平台"每日一淘"的做法很值得借鉴。

从模式上看，每日一淘走的是用户自买省钱，会员分享赚钱的路子。

第一，在该平台上的商品是以生鲜美食为主打，通过产地直供、直采，确保产品品质，让用户拿到手里感觉真的货有所值。这种本真的模式自然会形成产品的口碑效应。

第二，每日一淘通过会员分享赚钱的机制，让每日一淘在社交平台的内容分享呈现量多、质优的双重特点。当然在这背后，是与每日一淘团队的付出分不开的，他们让会员在分享操作上变得更加简单，同时也让分享变得有

趣，继而能引发大量自发传播和成交。

在这之前，想要成为每日一淘的会员，需要购买 399 元的会员礼包。尽管这个礼包物有所值，但是也会打消一部分用户的热情。

在每日一淘的新商业形态中，用户便不再需要提前花费 399 元购买会员礼包，而是只需要邀请 30 个人在每日一淘小程序上注册成为用户，便可成为会员。这相当于一石二鸟。

其一，真正降低了成为会员的门槛；其二，这一模式创新，势必会为每日一淘带来更多的会员。

很多社交电商平台也在纷纷改革，有些平台也采取了每日一淘的模式，甚至加以创新，还推出成为会员之后，赠送创业大礼包或者商品券。会员不但可以成为店主，还可以更快晋升为高级别的代理等。

这种方式，不仅可以实现更多消费者用户的留存，还会持续增加加入这个模式之中分享赚钱的会员，而其根本就是让利优惠。

1. 店主权益

于 2018 年 1 月才开始正是启动的社交零售平台达令家是如何创业赚钱的呢?

达令家是一个全新平台，当初各地市场一片空白，类似平台中，运作时间都相当长，已经无法做到快速整合。因此，达令家推出了"店主权益"的方案。即:

达令家福袋 399 元起。这包含一份商品 +399 尤物金币。

销售福袋，还可获得奖励 100 元 / 套。月销售达到和超过 100 元（不含福袋），销售的福袋，可奖励 110 元 / 套。销售福袋累积达到和超过 10 套授予粉钻店主称号。粉钻销售福袋，可奖励 140 元 / 套。同时满足粉钻达成和销售额要求，福袋奖励升级为 150 元 / 套。

下面详细介绍一下其模式。

达令家店主的五大收益：

收益一：获得 399/439/599 元的福袋商品 +399 元尤物金币；

收益二：自购省钱 (5%~40%)，可提现；

收益三：分享销售商品获得佣金 (5%~40%)，可提现；

收益四：直接销售福袋（招募新店主）获得 100 元，可提现；

收益五：当月销售或自购 199 元以上，单月每销售 1 个福袋 (招募) 额外多获得 10 元，可提现。

达令家粉钻店主的六大收益：

收益一：自购省钱 (5%~40%)，可提现；

收益二：分享销售商品获得佣金 (5%~40%)，可提现；

收益三：直接销售福袋 (直接招募店主) 获得 140 元，可提现；

收益四：间接店主销售福袋 (间接招募) 获得 40 元，可提现；

收益五：当月销售或自购 199 元以上，单月每销售 1 个福袋 (招募) 额外多获得 10 元，可提现；

收益六：获得"姐拼了"(拼团) 的开团权利，并赚取相应佣金。

达令家大粉钻店主的八大收益：

收益一：自购省钱 (5%~40%)，可提现；

收益二：分享销售商品获得佣金 (5%~40%)，可提现；

收益三：直接销售福袋 (直接招募店主) 获得 140 元，可提现；

收益四：间接店主销售福袋 (间接招募) 获得 40 元，可提现；

收益五：当月销售或自购 199 元以上，单月每销售 1 个福袋 (招募) 额外多获得 10 元，可提现；

收益六：当月销售极品尤物板块商品 (指定商品类目)，获得销售奖励 (件数），可提现；

收益七：有资格参加当月"佳人计划"和获得相应奖励；

收益八：获得"姐拼了"（拼团）的开团权利，并赚取相应佣金。

下面是达令家佳人计划的阶梯奖励。

方案条件：大粉钻

奖励方法：

销售额达成 10000 元奖励现金 200 元；

销售额达成 50000 元奖励现金 1000 元；

销售额达成 100000 元奖励现金 2000 元；

销售额达成 200000 元奖励现金 5000 元。

2. 定制创业礼包

还是以达令家这个平台为例。创业者如何才能获得这个创业礼包呢？

具体该如何操作，请看下面。

第一步：从各方渠道获取开店链接，购买福袋后就可以加入达令家团队。支付 399 元购买开店礼包。达令家采用手机号码接收验证码注册开店，保证一码一店。

第二步：在手机应用中搜索"达令家"下载 App，登录店铺。

利用第一步使用的手机号码作为账号登录下载的 App，进入后台，可以自己装修自己的店铺，设置背景、座右铭。

第三步：分享店铺、分享产品。

无论是分享店铺还是分享产品，达令家都提供三种方式。

（1）微信分享：接收者可以直接打开，购买，你获得对应的佣金；

（2）产品链接：接收者收到链接，也可以直接通过微信或者浏览器打开；

（3）产品二维码：接收者需要扫描或者识别二维码，进行购买。

解锁平台里面隐藏的返佣比例

在社交零售的趋势下，很多企业也开始通过社交平台降低获客成本，例如传统卤制品品牌周黑鸭。周黑鸭在微信商城推出了分销返佣的营销玩法，通过微信传播售卖获取佣金提成的方式吸纳新流量。

作为休闲食品品牌，周黑鸭的社交新手段有其天然优势，这种变革也会获得更多的社交流量。

1. 社交电商分享佣金的机制

为什么社交电商下可以有分享返佣的活动？因为很多社交分享平台为这种行为提供了一个健全的机制。

（1）零门槛注册：下载一些社交分享平台，就可以快速注册成为会员。有些平台需要购买东西，有些则是零门槛注册。成为会员之后，即可享受自买省钱、分享赚钱的福利。

（2）无业绩考核：许多社交分享平台采用的是人性化管理，甚至有些平台终身无业绩考核，随着组建规模越来越大，可升级享受更多的团队管理奖金。

（3）强大运营逻辑：很多社交分享平台依附于国内知名电商平台，如天猫、京东等，因此，有这些知名电商平台作为背书，提供优惠券模式，即不需要考虑任何发货、卖货、售后等问题，只做中间商。

（4）过硬的技术支撑：只要成功注册，即可享受云发单权益，节省自身发圈、发产品的时间。

2.分享成交赚佣金活动

我们以周黑鸭为例，看一下，这种返佣活动是如何操作的。

周黑鸭在微信商城中推出了"美味分享家"活动，想要在社交零售中赚取佣金的用户只需要注册就可成为"分享家"。成为"分享家"之后便可以将周黑鸭产品以链接、二维码等方式直接分享给微信好友。

在这个过程中，如果有用户通过此渠道购买产品，"分享家"便可从成交订单中获取佣金收益（见图7-1）。

图7-1　"分享家"收益活动表

以气调盒装卤鸭头 280g×2 为例，产品单价为 57.8 元，分享成交后最高可获得佣金 3.18 元。

当然了，关于佣金的到账也会有一个到账期。社交零售的大多数佣金都不是成交即可到账。例如，周黑鸭的"美味分享家"合作协议中的返利条款显示，返利结算时间为发货后 7 天 + 售后完成期 15 天，也就是在成交 23 天后才能给分享人结算佣金。在这期间若发生退款，佣金会自动扣除。此外，对于注册成为"分享家"的用户如果满 1 个月仍无交易，企业将做清退处理。

不仅周黑鸭，作为社交电商的"资深玩家"连咖啡（Coffee Box）在2016 年底也推出了"咖啡库"的概念。即消费者分享咖啡积分给好友就可获得免费咖啡。

2018 年 8 月，连咖啡上线了小程序"口袋咖啡馆"，主旨是通过微信传播售卖咖啡给好友，可获得一定的佣金奖励。就连实体火锅品牌呷哺呷哺也借力微信平台，与绿数科技合作"520 抢鲜爱"微信摇一摇互动，实现线上线下引流。

显然，这种分享返佣的方式越来越被更多品牌接受，这也会成为未来社交零售的一大趋势和利益撬动点。

3. 微信分享链消费返现

在社交零售下，我们需要借助链接、二维码等渠道来实现返现。小程序是一个非常好的渠道和桥梁，看一下具体操作方式是怎样的。

下面举个例子：

客户到某童装店购买商品后通过共享链支付成功后进入共享链小程序，该小程序里面会显示消费者的消费金额，奖励金额和已经到账金额，之后其他消费者也到该童装店消费，共享链系统会做一个时间排序，优先将获取的奖励金给前面的消费者。

换句话说，是作为客户的我们给商家提供企业版的二维码用于商家交易中微信支付，支付的同时又是我们给商家提供一系列的服务与营销。

第一，为商家提供专属企业版的二维码用于微信扫码支付；

第二，让商家资源变现，顾客通过支付获取奖励金的形式，可以提高顾客的重复购买率；

第三，通过消费免单的形式吸引大量用户来消费，引导顾客分享，替商家免费做广告等来替商家再次营销。

这就是很多社交零售店铺开通微信分享链消费返现系统小程序的操作方式，值得更多创业者学习。

全线包邮 + 无条件满减的让利优惠

例如趣头条、快手这些平台，都有一个共同的显著特征，那就是，用户增长速度极快而且和已有巨头的用户重合度很低。

在一二线的创业者们苦恼于用户拉新成本大增的同时，他们把目光放在了三四线城市的移动互联网用户身上。事实证明，这里确实蕴含着一个巨大的"金矿"。很多社交电商平台纷纷在这里取得了快速成长。

低线城市用户的消费观念正在发生变化，由基础性消费向发展性消费转变。一个明显的感受是，一二线城市和三四线城市中，从日常用品到娱乐节目，人们的消费习惯正变得更加趋同。

已经有数据表明，低线城市的电商消费潜力正在被逐步挖掘释放。2018年3月，移动购物行业新安装用户画像显示，低线城市电商消费需求的增长已经逐步超越一二线城市。

在这种趋势下，社交电商全面开拓三四线城市消费者，在营销让利活动中更是加大了步伐。例如，社交电商有一个火热的营销路线：全线包邮 + 无条件满减。

1. 自营 + 联营形式的包邮让利方式

社交电商采取包邮的方式需要有一个前提，你的货品需要有保障。下面我们来看一下社交电商平台贝店的包邮让利方式。

贝店采用的是"自营＋联营"的模式（见图 7-2）。

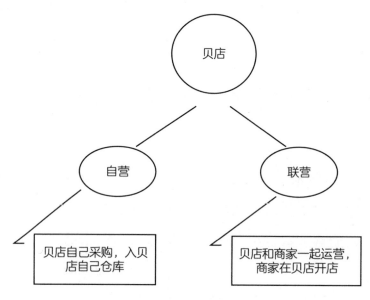

图 7-2　贝店的"自营＋联营"模式

贝店对供应商资质审核要求非常严格，一般要求品牌商直接入驻，而且要求一品一店，即一个品牌或者厂家只能开一个店铺，类似天猫的品牌旗舰店。

贝店的店主认为，只有在源头上跟这些资质已经非常好的供应商合作，才有可能更好地服务供应商。

作为一个家庭消费电商平台，核心在两端，一端是用户端，一端是供应链，要将供应链与买家需求完美匹配。

根据第三方相关数据监控显示，贝店 90% 的商品是全网最低价。

这种模式中的最关键点是什么呢？是服务好买家，只有服务好买家，才能有更多的回头客。贝店的价值观又是怎样的（见图 7-3）？

只有让消费者花更少的钱买到更好的东西的时候，才能持续地获得消费

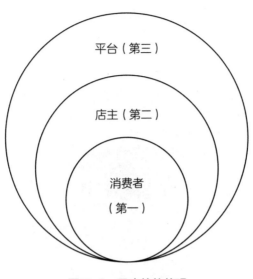

图 7-3 贝店的价值观

者的信任。而只有真正地服务好消费者，才能最终服务好店主。

贝店逐渐也意识到了不能把市场仅局限在一线，还应该下沉市场，集中力量在三四线城市，并且在执行产品全线包邮的同时，还要再进行折扣、返现等优惠方式。在贝店上，有近万家大牌供应商入驻，这些品牌之所以愿意跟贝店合作，其很大的一个动机是觉得能够触达更广大的下沉区域，而这也恰好满足了下沉区域所及市场不断升级的消费需求。

2. 无条件满减

什么是无条件满减？就是只要买就可以减，没有任何附加条件。很多传统电商总是会搞一些"满200减10""满399减50"等活动，甚至还规定每人限购数量。这些在社交电商中统统不存在。

其中，会员专享价非常吸引人。只要你成为平台会员，那么在购物时就可以获得无条件满减，不需要"满xxx减xx"。

就像小红书平台中的所有产品，只要是小红卡会员就可以享受专享价。

例如一款眼霜原价为 109 元，而小红卡会员专享价只需要 85 元。而且是包税包邮（见图 7-4）。

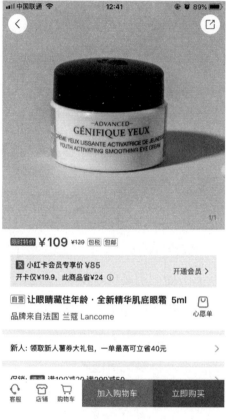

图 7-4　小红书眼霜产品会员专享价页面

在小红书等类似的社交电商平台中还有一个"限时特价"专区。换句话说，在规定时间内，这些产品都是无条件满减让利的。例如一款净化灯原价 119 元，在这个专区中可减 40 元，只需要售价 79 元。

这些活动吸引了大量的消费者前来购物，这对社交电商以及产品代理来说是一种巨大的获利。

分享获得惊喜的社交营销模式

在社交电商的营销过程中，我们需要明确一点：想要吸引更多粉丝，就必须要给创业者带去更多利益。例如，分享产品并成交之后就可以获得更大的惊喜。除了送上分享佣金之外，还要给创业者带去更多的额外惊喜。

1. 获得自我体验感

我们以社交电商平台百媚优选为例，看一下创业者在这个平台是如何获得分享惊喜的。

百媚优选采用的是一种最新分享模式，即结合社群经济与O2O模式双边契合分享经济，让用户通过分享不仅可以取得收益，同时增加品质严选和自我体验感。

在百媚优选平台分享产品，不仅能增加商家和用户之间的黏性，更多的是增加用户与用户之间的黏性，只有在双边体验达成足够好口碑的前提下，分享的价值才能充分体现。

2017年一位新浪博客网友在博客上晒出一位来自南京的女士，在百媚优选中购买了一台体重秤便获得了一台iPhone X的惊喜奖励。

买个100元的体重秤竟被送了台iPhone X，这太不可思议了。百媚优选平台还为了激励用户减肥，不仅赠送了iPhone X，还附赠体重管理师专业指导。

这是社交零售平台百媚优选推广"分享经济"期间，花费千万广告费开展的一次回馈消费者的活动。具体活动详情是这样的：

百媚优选的一位员工通过微商的传播模式推广品牌，却并没有将产品的销售权交给朋友圈，而是通过朋友圈的强大传播能力，让客户体验产品，再通过客户的体验来进行口碑传播。在传播的过程中，分享者并不参与销售，而是由该名员工专业负责销售与服务。

这名员工没有将百媚优选带进微商与传统电商的套路中，而是开辟了一条不同的销售道路，正是这条路深深击中百媚优选高层的心。在这成功的经验基础上，百媚优选决定将达到千万的广告成本投入到"用户体验分享计划"中。

在活动过程中，百媚优选平台会邀请所有用户成为分享大使，分享大使可将产品体验分享给自己的朋友，在这个过程中，分享大使只需要宣传产品口碑即可，不需要像微商一样参与销售。分享大使只需将百媚优选为其定制的个人二维码，通过自己的社交自媒体将百媚优选告诉别人，达成一传十、十传百的效果，而分享大使在过程中获利的来源是百媚优选原本用于投资广告推广的费用，这个费用原本就算在产品成本内，所以分享大使在传播过程中不需要负担额外成本。

通过这种方式，南京的那位女士在购买了一个体重秤的情况下获得了一部 iPhone X 就很平常。因为这位女士在购买体重秤后，首先是感受到了体重秤的体验效果，然后再加上百媚优选的减重计划也帮助了用户完成健康减肥。这位女士享受到良好的服务后申请成为分享大使，并将自己的良好体验分享给周边的朋友，过程中女士仅仅是做到分享，其他方面的内容由平台完成。这时候，这位女士的价值就等同于媒体广告的价值，百媚优选将广告推广的成本回馈给口碑宣传了百媚优选的女士，即奖励一部 iPhone X。

这种分享惊喜活动非常独特且有效地宣传了百媚优选这个平台，带来了无限的流量。同时作为分享者也获利颇多。

2. 分享叠加的惊喜

有些社交电商创业者，为了开展活动促销便和一些知名商家达成协议，推出分享叠加的惊喜活动，如下面这个活动：

分享并邀请 3 人，送 50 元电信充值卡；

分享并邀请 8 人，送高端定制充电宝；

分享并邀请 15 人，送智能迷你扫地机；

分享并邀请 20 人，送小米净化器；

分享并邀请 30 人，送小米 32 英寸智能电视；

分享并邀请 40 人，送小米 8 手机；

分享并邀请 50 人，送 6000 元现金红包。

这种层级跃进的分享会给更多用户带去鼓励，让他们更多地分享，最终为你带来更多客户和业绩。

当然，这种分享模式的操作需要我们有一定的合作资源，只有这样才能说服分享者，才能让这种活动开展得更顺畅。

新人优惠券天天领的运营法则

马云在 2017 年 11 月接受央视财经专访时曾经表示："新零售的核心就是线上线下的结合，人、货、仓、配的结合，虚和实的结合。"他认为未来中国 60%~80% 的零售都将是新零售。

阿里新零售"一号工程"（盒马鲜生）落地，腾讯入股的永辉"超级物种"也全面布局，京东的 7FRESH、步步高的鲜食演义等，也在推向市场。更有无数的微商纷纷向社交新零售转型，由此可见，无论是大企业还是创业者，都不愿意放弃社交零售的风口。

想要做好社交零售，就必须要懂得优惠券的运营法则，换句话说，要给用户一种优惠的选择，这样才能获取巨大流量。

1. 利用芸券智慧为商户提供线上线下一体化的智慧互联解决方案

社交新零售的理念是利用大数据，有效连接"人、货、场"实现资源的有效配置，让线上线下优势互补。

既然新零售是线上线下相结合的模式，那么是否可以做到一个平台发放的优惠券既包括各品牌线上商城，又包含线下门店，还能打破各行业壁垒，异业之间互相发券，实现商业共赢呢？

事实上是可以的。

例如芸券智慧的出现。芸券科技（上海）有限公司是上海益倍嘉信息技术有限公司的全资子公司，是一家基于电子券行业的智慧门店服务商，致力于将互联网技术的应用场景延伸至全实体多业态，为商户提供线上线下一体化的智慧互联解决方案。

芸券基于"人、货、仓"结合的理念，结合线上、线下，包括衣食住行，实行好友分享奖励机制，进行病毒营销，以最快的速度传播优惠券，精准推广，提高知名度。通过线下商家扫码发券，实现异业之间的资源互换。线上优惠券可以互相置换，实现优惠券效益最大化，用户也乐此不疲。

芸券依托的是区块链技术，以"电子券"为媒介，在很多社交平台上精准投放优惠券，以商户特点与需求为出发点，提供生成券、发放券、分享券、核销券功能，帮助创业者和商户提前构建消费场景，实现线上引流到店。

同时，芸券还给用户提供分享的激励机制，在这当中会设定一定的核销奖励金，轻松招募推广员，裂变传播拉新客，在无形之中便能够提升销售业绩。更重要的是，芸券公众平台还对接微信公众号，商户可以设立独立账号管理平台，建立卡券信息版块，这在很大程度上帮助了商家提升到店转化率，实现了收益最大化。

2. 社交电商平台推送信任惊喜礼券

很多社交电商平台为了获得巨大流量，推出了各种新人优惠券组合套餐。我们以小红书为例。

在小红书的商城中，有一个非常醒目的"55元新人惊喜现金券"版块（见图7-5）。

在这个优惠券中，有三种类型：15元为无门槛现金券，并且可与其他优惠券叠加使用，适用于小红书福利社所有自营商品。15元为满155元可用。25元为满255元可用。

此外，小红书还为新人推出了新人必买榜单Top 20，通过榜单，小红

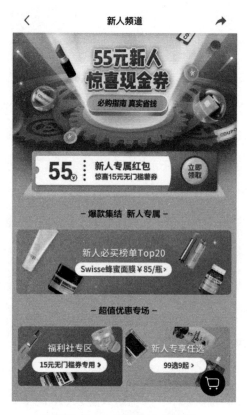

图 7-5 小红书新人优惠券

书为新人推送了多款产品。这些产品的特色在于集口碑、性价比于一身，非常值得购买。

在小红书的新人优惠套餐中，还有一个超值优惠专场，在这里有更多适合新人购买的专区。可以说，小红书的这种优惠套餐组合充分站在用户角度思考，为用户带去了良好的购物体验。

当一个社交电商平台将新人照顾得非常好，让他离不开平台，那么这个平台做的社交电商就算是成功了。

每天在群里赠送福利，促成更多订单

想要做好社交电商，离不开社群的运营。在前面章节我们说了社群的运营，但是在活动促销方面，社交电商创业者还应该从提供各种福利出发，力争给用户带去新鲜的福利和优惠。这样不但能够增强社群黏性，还可以促成更多订单。

在社群中发送福利，既能够回馈老用户，还可以宣传营销自己的社群，为自己拉来更多的客户，起到事半功倍的效果。

1. 社群发送物质福利

为了能给社群成员带来更有价值的福利，发物质奖励无疑是一个明智的选择，尤其是那些定制化的特殊礼物，或者给元老级的人物赠送一些年货，又或者给成员送一些合作赞助的小礼品。总之，你发送物质福利，换来的是成员对你的社群更加忠诚，更加热爱追随你。

例如味多美的社交新零售模式。味多美建立了很多微信福利群，在群里，群主或者管理员会定期给成员发送物质福利，如优惠券、免单券、抽奖、半价券等。

例如："@ 所有人 # 周三福利日活动开始啦 #"。

福利日抽奖活动：奖品为法式苹果派免单券和经典黑森林切块蛋糕半价券，中奖率超高哦，每天都可以玩的。

疯狂拼团活动：流心芝士挞 3 人拼，拼团价只要 1.2 元（原价可是 9 块哦）恐龙乐园蛋糕 2 人拼，拼团价只要 228 元（原价可是 298 元哦）。

参与方式：通过小美店长分享的链接参与各项活动，或者到味多美公众号—美粉部落—官方活动置顶帖参加哦。（见图 7-6）

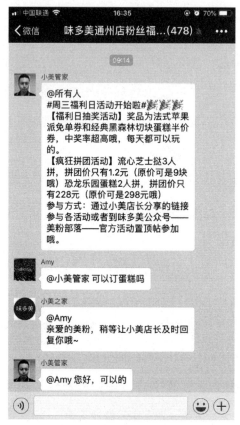

图 7-6　味多美社群福利

这样的活动激发了成员的购物热情，也为社群带来了活力，更为商家带来了流量。

2. 发课程福利

社交电商与知识付费都是未来社交新零售的形式和趋势。随着知识付费的兴起，每个人都渴望成长、进步，社交电商创业者要抓住这一点，利用社群的聚合力，给成员带去一定的课程福利，让成员在加速成长的同时，对你的社群形成黏性。

具体的做法是可以免费赠送各种付费订阅知识产品，这种操作跟发红包一样，既快速又便捷，而且又为群成员着想。面对付费精品课程还可以开设更多小班分享，但只限于核心成员参与，这样可以激发大家的活跃度。

3. 发荣誉福利

对于没有专门组织架构的社群来说，在群里设立一些特别的、有趣的头衔，也是激发活跃度的一种方法。社交电商的目的是粉丝、流量、订单。留住社群的成员就是这一切的基础和前提。将这些"虚名"作为社群专属福利发给群成员，可以更加团结核心的社群成员。

比如"社交达人"的头衔，"体验官""惊喜官"等，这些称号可以给成员带去荣誉感。当然了，我们需要真的根据这些荣誉给成员一些好处，才能长久留住核心成员。

4. 发积分福利

有些社群福利不是实际的商品或金钱，也不是荣誉，但是却可以为成员带来长久的利益，例如积分。

比如可以采取打卡方式，给成员带去一种学分制，根据成员的参与程度，获取不同的积分。根据积累分数获得不同的奖罚，比如打卡积分，每天一条，30 天全勤最高可得 30 分。还可以设立作业积分等等，甚至还可以通过发起和组织一些有趣的活动来促成。

群中的管理员需要定期将积分榜公布在社群内，激励成员在竞争的氛围中通过参与获得更多的积分。

上述几种社群福利方式非常有效，而且有趣。在社群的运营过程中社交电商创业者需要思考群成员的长期收益和短期收益，根据群目标和群成员动机设定好群内各个时期的福利，唯有这样才能和群成员一同成长。

对于社群成员来讲，不但在分享产品的同时获得了收益，还可以获得持续性的成长，甚至是认识了一些好朋友，找到同类人，这便增强了社群的归属感。

第八章

信任机制：轻松搞定客户的成交法则

社交电商，把观念从"物"转移到了"人"，摒弃了单纯的卖货思维，多了一个经营社交关系的转折点。这就必须要强调社交的重要性。传统电商背后有众多电商巨头做后盾，并且无论是支付还是服务，都已经做得很成熟。但是社交电商想要做大，还必须建立信任机制。这包括个人信任背书、品牌保证、社交活动等等，只有这样才能让你的消费者放心。解决信任问题已然成为社交电商中最根本的问题。

品牌背书是信任的第一关

社交电商想要发展成熟起来，必须要解决三个问题：第一，消灭假货、次品；第二，解决囤货压货等库存问题；第三，让用户相信你。

早在 2015 年社交电商的生态体系就已初现雏形。但是在一开始却也面临着上述三个问题。如今，社交电商的发展具备了品牌社交电商、个人社交电商、社交电商代理商、平台社交电商、社交电商服务商等多种类型，而且在他们与消费者之间已经形成了完整的和成熟的渠道、支付、物流等中间环节。换句话说，整个社交电商的生态系统中各个环节已经趋向完整，而且均处于良性竞争发展的状态，无论是产业中的经营者还是最终消费者，都可以自由选择适合自身偏好和特点的工具、服务提供商来获得完善的服务支持和良好的购买体验。

其中缘由首要的一点就是源于品牌背书的作用。品牌背书是信任的第一关，没有这一点，用户很难选择在平台购物。

1. 通过高品质的内容驱动消费者的购买欲

在品牌背书的操作方案中，有一条至关重要，那就是走内容电商路线。在这方面，小红书做得非常到位。小红书以内容电商为主要经营模式，通过高品质的内容驱动消费者的购买欲。

在小红书中不乏有很多时尚达人通过社交评论方式来推荐产品。这些产品在小红书商城和其他的电商网站都有销售。这属于内容社交电商的一种典型路线。千万不要觉得这些社交达人推荐的产品都是"三无产品"或者"微商"。实际上，这些商品都是经过小红书特有的筛选功能严格挑选出来的。用户推荐的产品都必须要有品牌背书，也就是内容必须是高品质的。

例如下面这个案例。小红书时尚达人"爆爆爆兔"在小红书发布了一篇推荐好物的文章，该达人着重推荐了 8 个欧洲皇室贵族背书的化妆品品牌：

Guerlain——法国皇室喜爱的护肤品牌

在娇兰 200 年的历史中，为欧洲半数以上的贵族提供过香水，包括法兰西欧也妮皇后、英国维多利亚女皇、西班牙的依莎贝拉皇后、匈牙利茜茜王后、比利时王后、俄罗斯公主等。其中最知名的是，1853 年娇兰先生被拿破仑三世的皇后尤金妮娅钦点，为皇后特制了"帝王之水"，其具有的金箔蜂姿琉金香水瓶成为标志设计。

VIIcode——拿破仑皇后约瑟芬的私人定制

对于这个拥有二百多年历史的品牌可能很多读者并不熟悉，但欧美的贵族名媛、上层政要都为之疯狂。它因与拿破仑皇后约瑟芬的一段奇缘而被广为称道。在早期，VIIcode 只由欧洲上流社会人士享用。直到二战尾声时，它在纽约建立首家名为 VII Identity Club 的奢侈顶尖护肤定制俱乐部，VIIcode 才广为流传 。在欧美无论是皇室人员或是明星大腕，包括杰奎琳·肯尼迪、梦露等都是 VIIcode 的追随者。

D.R. Harris——英国查尔斯王子的最爱

D.R. Harris，一个拥有皇家御用认证，并承包了英国皇室及大臣的盥洗室用品的品牌。创始于 1790 年，位于拥有多家绅士俱乐部的伦敦圣詹姆斯街，是伦敦最古老的药店之一，从桃花心木的橱柜上便可窥得其绅士药店的悠久历史。传承传统工艺，产品均为手工制作。查尔斯王子是其忠实的顾客之一。

Floris——英国维多利亚女王和温莎公爵的香水

1730 年创建，迄今已经有 289 年历史的骨灰级"沙龙香"品牌 Floris，服务英国皇室八代，包括维多利亚女王、伊丽莎白女王、温莎公爵到戴安娜王妃。自 1820 年收到第一份皇室御用认证徽章伊始，Floris 已经获得超过 19 枚皇室御用徽章，是记载英国王室喜好的"活字典"。

Moovs——瑞士前领导人热衷的品牌

在 1999 年，Moovs 品牌的忠实追捧者，瑞士联邦第一位女主席露特·德莱富斯钦定 Moovs 为"皇室专供"护肤品。自此该品牌迅速风行欧美，在世界范围内拥有千万忠实品牌拥趸，无数名人明星、商业巨头、政坛要人都是摩凡时品牌的忠实追捧者。低调奢华的风格和超乎想象的功效使之一跃成为国际知名的奢华化妆品的代表。

Lancaster——摩纳哥王妃格蕾丝·凯丽的御用品

兰嘉丝汀是欧洲首屈一指的防晒品牌，同时也是摩纳哥皇室御用护肤品牌。1970 年，兰嘉丝汀推出"Ligne Princiere 系列"，成为摩纳哥王妃、同时也是好莱坞巨星的格蕾丝·凯丽的御用美容品。在品牌引领美容行业的 60 年中，Lancaster 兰嘉丝汀以提供安全高效的驻颜产品和专业防晒产品而享誉全球。

Borghese——意大利贝佳斯公主公布的秘密

多个世纪以来，意大利的皇室贵族均有私人的美容药剂师以调配日常使用的美容用品，而这些秘方皆不会外传。直到 1956 年，意大利的贝佳斯公主才对外创办了"贝佳斯"品牌，让皇室的古老传世美容秘方为世人所知道，从此让皇室古老的传世美容秘方能以崭新的面貌面对世人。

Natura Bisse——西班牙莱蒂齐亚王后的挚爱

Natura Bisse 是西班牙皇室御用护肤品牌，也是西班牙莱蒂齐亚王后挚爱的品牌，世界上最珍贵的原料基本都被这个品牌囊括使用了。Natura Bisse 因为高昂的价格，服务于皇室，从前只有好莱坞的名人消费得起。之后从好莱坞传播出来，才开始逐渐为大众所知。

这种高品质的好物推荐，自然会吸引更多用户关注。因此，高品质的产品推荐需要有一个强大的背景支撑，包括产品的来源、产地，获得的荣誉、口碑等等，这些都是必备的信任特质。

2. 依附大品牌做社交电商

还有一种增强品牌信任的方法，那就是依附现有的大品牌做社交电商，例如酷狗 K 歌机。

2018 年，互联网音乐巨头酷狗音乐用 1 亿元推出了"酷狗超级 K 歌机用户 Plus 计划"。换句话说，酷狗超级 K 歌机借助酷狗这个知名音乐平台开始了社交电商之旅。

该计划直接将产品和消费者绑定在一起，先由消费者体验再进行口碑推广，利用社交平台进行扩散宣传。"酷狗超级 K 歌机用户 Plus 计划"门槛极低，人人都可以成为酷狗超级 K 歌机的代理。无论是在京东、天猫，还是在酷狗超级 K 歌机公众号上购买 K 歌机的用户，在"酷狗超级 K 歌机"微信公众号上输入订单号就能领取 10 个 200 元的红包。这些红包的使用是有限制的，必须要分享给好友购买产品才能直接抵扣。当客户完成这个环节时，自己也能获得等额的返现。

在"酷狗超级 K 歌机"微信公众号上申请代理资格后，每推荐购买一台还能获得 1800 元的佣金，加起来一单就有 2000 元的收入。

有酷狗这个大品牌作为背书，酷狗超级 K 歌机的社交电商之路做起来相对很容易。因为酷狗这个品牌给用户带去了更多优质的体验，人们相信这个品牌，故而相信其推出的社交电商产品。

做好前端和售后服务是信任的保障

社交电商的第二大信任来源于前端和售后的服务。在微商泛滥期间，很多消费者买到了不合适的产品或者假货，想要退换货都无门可寻。此外，有些产品的物流极其缓慢，货品到手也已经成为无用的物品等等。面对这些问题，很多消费者在售后的寻求帮助环节上也没有得到满意的回馈。

在社交电商的时代，想要让消费者充分信任你，必须要解决上述问题：做好前端和售后服务环节，给消费者带去一个起码的信任。

1. 前端做好产品渠道来源明细

无论你是经营自有产品，还是依靠平台做社交零售，都必须要在前端保证产品的来源和渠道。具体做法，我们以云集微店为例，看一下，云集的前端产品渠道是什么样的：

（1）商品来源

云集绝大多数商品直接来源于商品生产厂家或者是品牌供应商；其次，部分来源于品牌专柜。

（2）商品精选

云集微店的所有商品由云集品牌专家买手团队面向全球品牌商直接招标采购。云集买手有一个口号，那就是"非精品、爆款不选"。

云集在商品数量上，采用的是美国 Costco 超市的"极致单品策略"，即把商品数量控制在 5000 个以内，在满足家庭的日常刚需基础上，每个品类只选 3 到 5 个 SKU（库存量单位），每个 SKU 都是优中选优，既要确保高品质、低价格，又要方便店主和消费者快速、精准找到要购买的商品。

（3）商品检验

云集的商品在上架前都经过专业人员严格把关。此外，云集中 70% 的商品品牌都是国际一线品牌和国内知名品牌，他们选择直接和品牌签约形成战略合作，可以说这是一把利剑。

（4）商品信誉

云集主打的就是全球精品，去掉传统中间各层级代理环节，精选直采并严格检测。严格上下架制度，可以说从源头上就杜绝了假货。这也是云集售卖商品的信誉保证。社交电商的商品信誉是信任环节中最值钱的，直接关乎社交电商的生存。

另外，云集微店还和中华联合保险达成协议，充分保证消费者的权益。当然了，为了进一步保证前端的服务，云集还接受 SGS 国际权威机构的监督检查。

下面来看一下 SGS 国际权威监督检查的基本情况：

SGS 是全球领先的检验、鉴定、测试和认证机构，是公认的质量和诚信的基准。它创建于 1878 年，是当前世界上最大、资格最老的民间第三方从事产品质量控制和技术鉴定的跨国公司。SGS 总部在日内瓦，于世界各地设有 2400 多家分支机构和专业实验室和 95000 余名专业技术人员，并在 142 个国家开展产品质检、监控和保证活动。

云集微店联合 SGS 建立了 "SGS- 云集品控项目"，为该平台所有产品及第三方合作商产品进行专业权威的质量检测。这种做法可以说是为消费者提供了更有品质保证的前端服务。

这也是云集微店在坚持精选优品理念基础上的一次升级服务。与 SGS 发展战略合作关系后，双方会针对云集平台上所有产品进行严格化、系统化、智能化、抽样化地检测，并且还会建立专业权威的品控体系，遴选优质供应商，进一步体现商品品质，全面提升云集微店品控标准。

有了这些强大的前端渠道和环节服务，云集微店的社交电商优势更加稳固。云集微店的这种做法也值得每一个社交电商平台学习和操作。

2. 顶级物流保障

社交电商想要获得消费者的信任，还要做好物流端的服务，让用户购买产品的体验更加优质。例如，云集所有商品从平台及指定仓库统一发货，且实行全场包邮，不分省份快速发货。截至 2018 年 11 月，云集微店已和顺丰、亚马逊物流、EMS、心怡、圆通、中通、申通、韵达等顶尖物流公司达成战略合作，拥有了一流的物流配送服务，实现了全国包邮。

很多电商在发货方面，通常会标注偏远地区延迟发货，或者送货时间加长、运费加价等情况。但是在云集购物没有偏远地区这个说法，也没有延迟送货和送货加价。只要云集微店物流能够触及的地方，全都是一样的待遇。

这样的物流保障也给很多消费者带去了信任，这也是社交电商提高信任的一个直接体现。

3. 优质售后保障

售后保障也是信任体系的一个环节。在云集微店中就将这个售后保障设为了重点环节。

（1）建立专业的人工客服团队

社交电商必须要建立一支强大的人工客服团队。这些客服必须要在服务时间、服务态度、服务范围上做到全面人性化。例如云集就拥有庞大的人工客服，可以人性化、全面地给用户提供服务。2017 年 9 月 20 日，云集微店

客户服务中心落户安徽合肥市，该基地可容纳上千个客服座席，日处理 200
万单商品售后服务。

（2）设立人工智能服务

云集微店除了拥有庞大的人工服务之外，还设立了人工智能"小云鸡"，
并且实行 24 小时在线优质服务。这也是每个社交电商团队应该学习的地方。

（3）退换货更便利

云集微店规定所有商品在 7 天内都可以无理由退货。此外，社交电商还
应该加强上门揽退、极速退款等服务。这样高端专业的退换货服务，会让消
费者更信任你这个平台。

"熟人经济"的三个信任关系链

自微商以来，熟人经济就成为成交的重要途径之一。在朋友圈、社群内不乏大量的商家来销售产品，这些产品的主要销售对象就是商家的熟人。随着微商产品的"恶化""虚假"，导致了熟人经济崩塌。

在社交电商中，信任关系很重要。因此，想要依靠熟人经济来搭建信任关系链，需要做到三方面。

1. 深度认识熟人经济的分层

从字面上理解"熟人经济"，其实就是熟人生意。社交电商的熟人生意显得更加复杂，首先我们要来认识一下熟人经济的三层关系链（见图8-1）。

实际上，在社交电商中，产生的大多数交易以深层关系和中层关系居多。但实际上，深层和中层关系的人群数量十分有限，做好熟人生意仅靠深

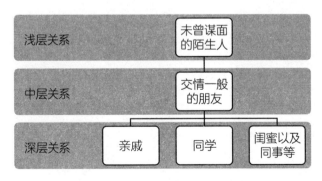

图8-1　熟人经济的三层关系链

层和中层人数是不够的。减去非受众群体、无消费能力的人群，深层和中层关系圈的转化率并不高。所以，我们必须要发展浅层关系。

之前的微商前提就是好友必须要达到一定的基数。微商后来之所以失败，一个很大的因素是脱离了原先的熟人经济圈，已经不再是"熟人经济"，而是极其脆弱的"刷脸经济"。

微商的失败不完全是产品的失败，而是这种高度黏性的熟人关系的瓦解——由一种强关系，逐渐走向了一种以金字塔代理模式为主的弱关系。

因此，我们必须要把熟人经济看作是一种稳定的商业模式。在熟人这里卖产品不能让"臆断"作为主观因素，即因为是熟人，所以更要实惠。那么我们需要怎么做呢？

需要针对三个层次的熟人关系分别进行销售。

例如，对深层次关系的熟人在销售活动中要以优惠、折扣力度大为主。因为深层次熟人不多，但是却很可靠，这层关系很难扑灭，但是转化率也未必高。因此，做到不让这部分人群流失即可。

对中层次关系的熟人在销售活动中以"优惠＋限量"的方式来营销。例如"享受7折优惠，仅限购买10件"。为什么要如此做呢？因为在这个层次中，都是一般的朋友，很可能对方购买完就流失，但是也很可能因为产品体验好而重复购买。因此，使用这种"优惠＋限量"方式可以确保这个层次的熟人关系在交易后维持稳定，且能达到一定的销售业绩。

对浅层关系的熟人在销售活动中以"优惠＋分享"的方式来营销。例如"分享产品即可获得8折优惠"这样的方式可以圈住这个圈层的消费者，还能让该消费群体不断扩大。

2. 粉丝经济下的信任关系链

信任经济是由影响力和人脉来驱动的利益交换。在影响力上主要以大V、达人、网红为主；在人脉上主要以社群成员、微信、QQ 群等为主。换言之，信任经济是以人为中心来运作的。

信任经济的重点在于如何实现社交关系的裂变。

在这里，不得不提到的就是粉丝经济下的信任关系链接。很多大 V，可以发动粉丝，时尚达人也可以更专业挑选产品，网红可以引爆产品的曝光度，而社群成员可以铺开渠道，它所表现出来的是一种联动的产业链。这些都是粉丝经济下的信任关系链的表现。

微博上很多大 V 或者时尚达人，经常会发微博推荐很多产品。这里就有一个信任关系链。如果大 V 推荐的产品是劣质或者三无产品，粉丝是不买账的，那么这个大 V 的信任力就全无，甚至会崩塌。随之，那些和大 V 合作的社交电商平台或者商家也会遭到信任的塌陷。因此，在这一点上，粉丝经济的维护非常重要。

3. 熟人经济 + 分享经济

无论是哪个圈层的熟人关系，前提必须是你的产品来源要真实可靠，才能给熟人这个信任关系带来良好的循环。当然，最后一个信任链接就是分享经济。

社交电商依靠的是社交平台，而社交平台最大的特点就是社交传播，即分享经济。一传十，十传百，在社交电商中是呈几何倍数增长的。因此，当你在选品、把关、服务上做好之后，接下来就要重视熟人带来的分享经济，也就是熟人裂变。

一个熟人通过使用你的产品之后，得到了良好体验，可以鼓励他分享到朋友圈、微博、QQ 空间等社交平台，这样就可以为你带来更多的圈层成员。当然，熟人分享也需要一定的物质激励，比如可以给予对方一些红包、折扣，甚至是返现，这样会更加有助于熟人信任体系的稳固。

深谙销售心理，一言一语打造情感信任

什么是情感营销？情感营销是指消费者购买产品所看重的已不再是商品数量的多少以及价钱的高低，而是为了一种情感上的满足、一种心理上的信任和认同。

因此，情感营销的出发点是从消费者的情感需要出发，唤起和激起消费者的情感需求，引导消费者心灵上的共鸣。在社交电商中，这依然是一个不错的信任桥梁。社交电商顾名思义是以社交平台为依附，"社交"二字就已经体现出浓厚的情感因素，所以社交电商创业者必须要深谙这种情感销售心理，打造情感信任。

1. 情感销售前提是要分析和诊断消费者需求

想要完美地打造情感销售的信任链，就必须要先学会分析和诊断消费者的需求。

主要从以下几个方面来分析：

第一，打动对方的心。

打动消费者的心，依靠的首先是产品。你的产品要新颖、质量好、时尚等等，这是基础。其次，还可能是因为你这个人的人格魅力打动了对方，他只要一提起你就会信任你。例如那些大V、时尚达人等。

第二，要帮助消费者买，而不要拼命卖。

社交电商创业者必须要明白一点，你的目的不是拼命地卖，而是要让消费者买。例如，你主推的社交零售产品是水果，那么就不能和街边的小贩一样拼命地吆喝自己的水果多甜。而是要从消费者角度思考，如何让他购买，甚至帮助他购买。比如你可以这样写："水果，吃的就是新鲜。""送他一个独一无二的果篮。"

这些都能击中消费者的情感触点，这样一来，他自然会购买你的产品。

第三，要一辈子，不要一下子。

很多社交电商创业者并不去想未来，只希望眼下能把货卖出去。实际上，这样是无法建立长久信任关系的。真正的信任关系，需要你关注消费者的未来。如何能让消费者持续购买你的产品才是最重要的。

第四，沟通要感动，价钱要心动。

在情感销售的过程中，我们需要与消费者进行适当的沟通。而这个沟通则不是一般的商客之间的沟通，而要加以情感表述。换句话说，不把消费者当成纯粹的消费者，而是将其当作朋友，然后用心沟通的同时将产品的优势缓缓道来。此外，在最终成交的价格上，不能一味只顾及自己的立场，也要给对方带去一个心动的价格，这样才能让对方心满意足地成交。

2. 情感话术的流程

情感营销的话术需要充分站在消费者的角度去解决问题，主要基于以下三点来展开思考。

（1）你所要说的内容和消费者有什么关系？

很多人销售产品总是把一堆的形容词用在修饰产品身上。其实，这样并不能帮助你建立情感信任。你必须首先要搞清楚你所说的和消费者是什么关系？

换句话说，你所说的对消费者会有什么好处？

例如，在微信上，你可以这样说：

"你只需要给我的朋友圈点个赞，就可以免费体验产品一次。"

"这款产品可以帮助你排除体内毒素，如果您有便秘会更直接，排完还超舒服。"

"您有什么不懂的地方，可以随时问我，我随时回复您。"

通过这种站在对方角度的沟通，不但使对方了解了产品的功效，还能感觉到你对他的重视和尊敬，这是钱买不到的信任。

（2）消费者为什么要从你这里拿货？

除了产品上的优质可以让消费者信任之外，你还需要通过什么方式让消费者在你这里拿货？接下来你需要在话术上给对方带去在你这里拿货的独特好处。

"我的产品是从美国那边直接发货，走的是正常海关贸易，发票和认证证书一应俱全，您还可以拨打电话或者去官网查真伪。"

"市面同类产品很多，但是我的产品有一个最大的优势，那就是无副作用，其他的同类产品多少都有一些副作用，我代理的这款产品采用的是德国生物科技……"

把特点和优势摆出来，你的产品就能够获得对方的青睐和信任。

（3）购买产品之后，有什么保障？

社交电商想要在情感上建立信任，需要形成一个完美的闭环。换句话说，不能卖出去就结束了，还要照顾到消费者的后续保障。

例如：

"不管您买几盒，只要有问题，随时找我，我看到后会第一时间给你回复和解决。咱们是朋友了，有问题一定找我。"

"后续我们还会有一些会员活动，我会第一时间通知您。"

这些充满情感的话术，给对方带去的是满满的感动，这样的信任自然就顺势而为地建立起来了。

线下沙龙，感受社交电商多种活动

社交电商信任关系链的建立，还需要借助线下的活动来支撑。线下活动包括组织会员进行沙龙派对、宴会、年会、促销盛典、抽奖等。通过这些活动，社交电商可以获得大量用户的信任。

社交电商最重要的是实现三个目标（见图8-2）：

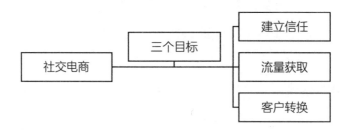

图8-2　社交电商的三个目标

有了信任，就可以从弱关系到强关系进行转换。

此时，线下或者本地的一些沙龙活动就显示出了优势。通常来讲，一场以感恩回馈为目的的线下培训沙龙，所邀约的对象，都是使用产品的用户。这些客户多数是代理所推荐的。这种推荐制已经建立了第一层的用户与品牌间由弱关系向强关系转换的基础。

线下沙龙，收获的不仅仅是与之共同进步的代理，还有使用产品的终端消费者的大力支持。如此一来，信任有了，流量就有了，最终就是按照需求来进行转化。

如何做社交零售的线下沙龙活动呢？

1. 建立专业的沙龙体系

我们以线下培训沙龙为例，看一下，如何搭建一个专业的沙龙体系。

（1）沙龙体系实施组织架构

①高层代理管理；

②沙龙团队（包括沙龙流程、场地布置、模拟演练等）；

③审核（包括审核时间、内容导向、演讲演练）；

④其他代理（引流邀约话术、邀约对象筛选、对接服务到场客户）。

（2）沙龙数据分析

①工作人员需要收集每场沙龙到场人员的个人信息、成交结果；

②按照年龄、性别、消费记录等数据做出数据分析，反馈给沙龙体系管理者。

（3）沙龙激励机制

①针对沙龙团队的讲师、分享者、配合者的现场成交奖励机制；

②针对沙龙管理者的奖惩机制；

③针对季、半年、年度沙龙转化代理数量＋沙龙成交金额的奖励机制。

（4）沙龙活动标准输出

①根据各地沙龙团队数量统一采办或者准备需要的物料（包括文宣、场地、PPT 等）；

②现场展架、海报更新；

③产品介绍、公司刊物、公司介绍、沙龙 PPT 内容更新；

④落实和督促每个沙龙团队使用的最新内容。

（5）沙龙培训体系

①每个沙龙团队，每个月沙龙全场视频收集、分析、改善报告；

②录制标准沙龙视频，分段解释，作为学习素材，并且定期优化；

③讲师培训（接收外部能量）；

④通过电话收集分享者的素材，撰写沙龙演讲稿；

⑤分享者录音演讲稿，提出改善要求。

2. 如何在沙龙活动中提高信任

（1）通过与活动组织者取得联系参与沙龙，形成关系信任

通常情况下，线下沙龙活动详情中，会提供组织者的联系方式。这些联系方式可能是个人微信或者 QQ 群、微信群。通过与这些活动组织者的联系沟通，可以申请加入沙龙，形成一种弱关系，然后在沙龙中进而形成强关系。

（2）在沙龙中提供学习资料

在一些线下的商业聚会、线下分享、沙龙活动中，我们可以创建或加入一个线下活动交流微信群。如果你能在沙龙活动结束后，率先整理出值得分享的内容，并发布在群中，就可以引导大家加你为好友，这是比较好的打造信任的方式。

（3）自建现场活动交流群

各种线下沙龙活动，如果没有现场交流群，是不成熟的。你可以采用面对面建群的办法，建立一个现场交流微信群。

甚至还可以在会场张贴活动群二维码。通过这种自建活动群的方式可以加强信任关系。

（4）做人脉中转站激发信任

在各种线下活动中，如果你能率先加到分享者的微信，也是一个吸引别人加你的办法。

一般来说，很多活动的参与者希望能加到分享者的微信。如果你能提前加到分享嘉宾的微信，成为人脉的中转站，这也是一个很好地打造信任的办法。

记录自己做社交电商经历的文章

社交电商的信任链接还来自于自己。只要自己真实地记录创业经历或者故事，就能够打动很多人。这就是故事的作用。在说服一个人的途径中，讲故事往往是最有效的一种方式，因为故事中的感染力能够引发信任，能让听故事的人忘我地投入其中。

社交电商创业者也可以写一篇记录自己创业经历的文章。

1. 通过文章讲述自己艰苦奋斗的过往经历

在自己的文章中，最好将自己的创业艰苦奋斗史真实地记录下来，这样的经历更能引发读者的共鸣，形成情感上的黏合和信任。

例如下面这个做社交电商者的故事：

"我 25 岁的时候，羡慕 29 岁的朋友，年终奖他扣的税，恰好是我的年终奖。

朋友说，还是很穷啊，买不起车也买不起房。

我说，可是已经可以买贵贵的 SK-Ⅱ和贵贵的 TF 口红了啊，也不用为每个月三千元的房租担心了。

朋友说，等你到了这个收入，就会发现，也还是窘迫。你到我这么大的时候，（以你的开销水平）年薪需要五十万才行。

今年 27 岁，眼看着马上就要过生日了。

我发现，真的。即便是月入过万也还是要紧张于每个月三千元的房租。

因为我的失策，囤了十万块钱娇韵诗双萃精华和神仙水卖不出去。

现在每天都在狂发广告清库存。

太忧伤了……

没钱的时候哪里有这么多烦恼啊……

当初离职的时候，存款就拿去买货了。

然后买了一份贼贵的保险，以防自己万一累到猝死还能给爸爸妈妈留个养老金——没开玩笑，真是这么想的。父母真的很辛苦才把我养大，我得想办法给他们留点钱，要么活着赚钱，要么死了给保险金。我的保险经纪……

做完了大的风险把控后，口袋里空空如也就跑去做代购卖货求生存。

那时候每天做梦都是被客户催货，要么就是各种奇幻恐怖片。

可以说，所有院线的恐怖片都不如我做梦来得可怕。

每天醒来眉头都是皱的，因为很想睡，但是睡着了就耽误发货发广告赚钱了。赚不够钱就不够开销了。所以挣扎着起来，就开始对着手机发货发广告了。

我必须保持正能量的状态，不然倒了，没有后路……"

这些艰苦奋斗的历程是最能让读者产生共鸣的内容，而这些情感上的共鸣也恰恰能够促成读者对作者的信任。

2. 记录自己做社交电商的经历时需要注意的问题

虽然故事类的记录可以让你得到用户的信任，但是一旦操作不当很可能会丧失更大的信任。

因此，在写文章时，需要注意以下几个问题（见图8-3）：

第一，经历一定要真实。

图 8-3　写文章注意的四点问题

在写文章时，越真实的东西越能打动人。即便是没有华丽的辞藻和修饰，真实的记录也能吸引人们阅读，更能触发心灵上的共鸣。此外，不真实的记录很容易"穿帮"。一旦被读者发现其中的蹊跷，对你的信任度会成倍下降。

第二，文章最好用记叙文的形式。

记叙文是最适合讲故事的文体形式，先要罗列出自己创业的时间，然后引出一个关键事件，加以发表感慨和论述等，然后得出结论，给人以启发。这种模式可以让读者投入地阅读。

第三，加入一些趣味故事。

没有人喜欢看平淡无奇如流水一样的文章，你需要在文章中加入一些有趣味或者充满波折的内容。这些内容可能是需要你进行渲染和特别描述的重点。关键是简洁地表达出这件事的来龙去脉，当然，最终还要回归到你做社交电商的道路上。

第四，带来正面影响。

再好的文章也需要正面积极的映衬，你的故事必须要有正面的激励作用，不要出现负面影响。

第九章

团队裂变：打造一支有目标有斗志的社交电商团队

社交电商过了拼流量的时期之后，接下来就是拼团队管理和运营能力。因此，打造一支有目标有斗志的社交电商团队非常重要。本章从股权分配、课程培训、考核、文化理念、赋能等多方面来理解、加强团队裂变，让你的社交电商团队队伍变得越来越庞大，越来越精练。

股权裂变：给他"一辈子的分红"

　　社交电商的运作，离不开团队。团队越强大，标志着社交团队做得越好。对于社交电商而言，与其说它是社交媒介渗入消费生活的产物，不如说是传统电商发展瓶颈背景下的新突破，也就是伴随消费个性化开拓出的电商细分市场。社交电商的出现，让很多创业者看到了希望，他们纷纷加入平台成为店主，然后经过一系列方法再进行裂变，拓展自己的电商团队，最终形成一支非常强大的社交电商团队。

　　想要拥有强大的社交电商团队，首先就要懂得股权分红。

　　很多人认为，做社交电商，不需要股权，只需要给团队成员一定的提成。事实上，只有股权分红才能长期留住团队成员。

1. 消费分红制

　　我们以社交电商平台拍浪 App 为例，看一下，什么是消费分红制？

　　比起传统团购网站或社交平台，拍浪 App 模式更新颖全面，社交、购物综合发展，更加适合当今社会人群生活、消费的多样化需求。

　　拍浪的消费者主要是热衷网购，爱好社交，容易被优惠与折扣吸引的用户。拍浪不仅仅是一个购物网站，而且集社交、购物于一体，打破传统单一模式，通过资源整合，打通中间环节，为消费者打造吃、喝、玩、乐一体化解决方案。平台以吃喝玩乐为主题，实现快乐交友、实惠购物。涵盖团购、交友、消费直播等版块，具备一元竞购、快乐拼购、神秘约玩、超级团购、免费购、快乐 PARTY 等 6 大功能。

在拍浪，用户可以轻松成为经营者，也就是社交电商的创业者。拍浪颠覆传统运营模式，采取消费分红制，根据用户累计消费金额，按股权比例进行分红，实现消费即投资，促使消费者利益得到全面升华，从而全面提升用户接受度，增强客户黏性，实现协同发展、互利共赢。这也使拍浪的竞争能力得到全面提高，从众多竞争者中脱颖而出。

换句话说，在拍浪 App 中，消费者就是创业者，你可以通过购买和分享产品成为创业者，经过你的分享而在拍浪注册或者购买产品的用户就会成为你的成员。这样一来，你不但可以获得一定的消费分红，而且还能因此裂变更多成员。

这就是消费分红制，借用这种模式社交电商的创业者可以在自己的团队内采用消费分红制，让每个成员都能获得除了提成之外更多的分红。这样非但不用担忧成员流失，而且还会带来更多的成员。

2. 与人才利益绑定

很多人认为，做股权激励往往是大型公司或者上市公司的专利，对那些非上市中小型企业，甚至是刚刚起步的小企业来讲，这个时候谈股权，为时尚早或者没有必要。事实上，小企业，尤其是微型创业者才更应该做好股权激励，这样才能让你的合伙人、成员更加紧密地团结在一起，壮大公司。

对于这一点，社交电商创始人需要主要了解股权激励的五种形式：

（1）定平台

有四种形式，分别为：持股平台、分子公司、直接持股、股份代持。

（2）定性质

股权激烈的性质有虚股、（超额分红、在职分红、身股、湿股、干股）、实股（期股、业绩股、限制性股份）。

（3）定来源

增资扩股、割股套现等。

（4）定价格

股权定价、股权激励定价、股权融资定价等。

（5）定数量

做好股本总量和个量的评估确定等内容。

基于这些内容，社交电商创业者可以咨询专业的股权策划者或者团队进行股权设计，设计一个科学合理的股权分配方案，才能让成员的利益与整个团队绑定，成为分享利益的共同体。

3. 社交电商股权合伙人招募方式

做社交电商，可以采取股权招募的方式，例如通过招募合伙人的方式，一起做大团队，将社交电商创业推向更高。

第一，团队合伙人。

以前的微商存在招商难、分销商不活跃、代理囤货严重、代理商黏性低、代理商流失等问题。现在进入社交电商时代，最重要的是以"人"为主。大家一起赚钱才是真的赚。因此，实行合伙人制度很有必要。想要组建合伙人团队，就必须要有股权分享。合伙人可根据设置提取相应比例分红。

第二，股东合伙人。

推客变股东，额外享受交易额分红。自成为合伙人起，可享受商家固定比例交易额分红。这就等于是把股权当成产品进行销售的合伙人模式，分销变成投资，人人都是老板，都是股东。

课程裂变：打造优质公开课，裂变新代理

社交电商要打造一支高效团队，离不开课程裂变。因为培训课程是培养代理、成员的最好途径。如果你的课程优质，代理就会越来越多，这样的裂变不但在数量上有增量，而且质量上也是非常高的。

线上公开课本质上就是线下会销，在三种情况下需要进行这种公开课：

第一，项目刚起盘时，代理商不熟悉项目，操盘手帮助代理做成交；

第二，有了大流量，但是很难做到一对一沟通，可采用公开课批量成交；

第三，推出新品时，为吸引眼球，做品牌公关和造势，鼓励代理拉人，通过公开课，做二次传播。

下面看一下，如何用公开课进行裂变。

1. 公开课裂变的前端设计

微信群裂变是最常见的一种裂变方法，其简单的逻辑是用户通过扫描二维码进入微信报名群，报名群内通过一些恰当的引导让用户进行分享并截图，然后可以获得福利或听课的资格。

第一，我们可以自主建群，在用户进入微信群之后发送引导语、审核截图等。

第二，制作公开课的海报，需要用一些设计软件来操作。

在这里，着重看一下，海报上体现出的公开课的信息应该如何去设计：

（1）用户身份：如果你想要用户帮你去传播，首先你要站在用户角度着想，写出来的文案内容要适合用户去转发，要跟用户的身份匹配。

（2）主标题：你的公开课海报上一定要设计一个醒目的主标题。可以让用户在刷朋友圈的时候一眼就能从图片上知道你在讲什么。醒目的主标题可以快速吸引用户，促使用户点开去看具体的内容。

（3）课程大纲：在海报的中间必须是课程大纲，大纲里面的内容最好是能够落地，能够体现出"干货"，让用户感觉到真实有用。

（4）信任背书：信任背书指的是你的公开课讲师。讲师名气越大效果越好，为此要尽量突出讲师；如果讲师名气不是很大，但是平台名气较突出，那么就着重突出平台，或者只突出这是某大咖推荐的课程。总之就是突出最出名的地方以赢得用户的信任。

（5）限时限量的紧迫感：例如标明仅限多少人参加或者限时特价、限时涨价等，这些方式应是可以增加用户紧迫感的方式。

（6）突出短期利益：在海报中说明扫码报名后送资料、扫码后可以免费听课、赠送学习名额等方法提升海报转化率。

第三，引导话术设计。

当用户进入公开课的社群之后，我们就要抛出引导话术。例如下面这个模板：

欢迎参加 ××× 老师的课：《××××》。本次课将于 5 月 4 日（周五）晚上 8 点开始。

报名方法：

1.分享文字 + 图片至您的朋友圈

2.将成功"分享至朋友圈的截图"发至本群

（若你不便分享，可以加管理员为好友转 10 元红包，可直接上课。）

分享内容如下：

（海报）

上课时的引导语模板——

欢迎大家，本群为上课群。

上课时间：××××年××月××日××时；

上课形式：直播；

上课方式：会在上课前10分钟将课程链接发送到群里，课程次日有录播，现场可以答疑；

群内要求：不要发无关的广告影响他人，有私自加人疯狂打广告的同学们可以告诉我，我会踢出群的，之前的报名群都可以退啦。

请大家提前安排好时间！

2. 公开课程要优质

能不能裂变更多团队成员，成败就在于你的公开课是不是优质。优质的公开课可以引发人们的广泛转发和传播，而质量一般的公开课则只能在一时获得人气，时间久了，团队成员就会慢慢流失。

什么样的公开课算是优质的呢？

第一，课程实用，"干货"满满。

对于社交电商的公开课来说，你的课程必须是有"干货"的，带有实操性质的课程。课程拒绝只讲空泛的大道理，而要多一些工具、模板和流程。甚至可以让学员看完你的公开课之后就知道怎么操作。

第二，课程时间安排要充分合理。

很多课程安排时间不合理，要么时间太长，要么太短。还有些安排在工作日，成员无法参加。因此，一个好的公开课需要在时间上有充分的考虑和安排，例如开课时间最好安排在周五或者周六晚上黄金时间（20点—21点）。

课程最恰当的时长应控制在 2 小时以内。

第三，做好课程的录音、视频工作。

很多学员因为某些原因无法参加公开课，但是却也想要得到其中的课程。因此，公开课需要做好录音、视频工作。以便可以随时随地让学员下载和分享。

第四，讲师讲课优质。

这需要公开课的主讲人首先要具备一定的资质和水准。其次，公开课的讲师要有一个合理的讲课大纲。最后，公开课讲师需要有大量讲课经验和社会经验，可以经得起学员们的问询。

考核裂变：设定工作目标，打造业绩先锋队

社交电商的时代下，团队管理中最容易犯的一个错误就是业绩无考核。

什么意思呢？

很多团队没有对代理的销售业绩定期进行考核，所以团队就不牢固，也就实现不了大规模的裂变。

因此，团队对社交零售代理需要定期进行定量和定性考核，尤其是考核代理的销售结果，如销售额、回款额、利润额和客户数量。

下面看一下，如何设定考核。

1. 一对一设定目标

社交电商团队要针对代理进行一对一定目标，这包括以下几个方面（见图 9-1）：

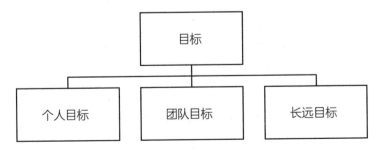

图 9-1　社交电商团队针对代理一对一设定目标的方面

此外，在制定目标时还要满足四个原则（见图9-2）：

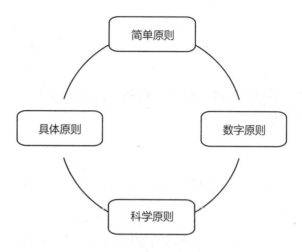

图9-2　制定目标时的四项原则

具体的操作方法如下（见图9-3）：

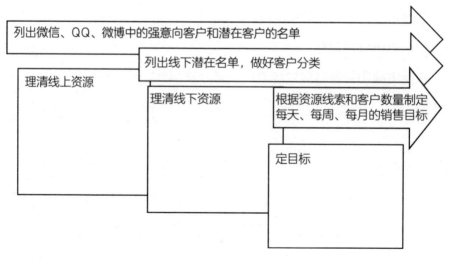

图9-3　定目标的具体操作方法

（1）理清线上资源：列出微信、QQ、微博中的强意向客户和潜在客户的名单。

（2）理清线下资源：列出线下潜在名单，做好客户分类。

（3）定目标：根据梳理出来的这些线索和每天要沟通的客户数量，来制定每天、每周、每月的销售目标。

2. 抓执行，抓落实

很多社交零售团队存在这样一个问题："只要结果，不要过程"。实际上这是不科学的。这种做法严重缺少对团队成员的销售行动进行监督和控制。

真正科学的团队，在考核流程上，一定是目标和过程一起抓的。

没有耕耘，就没有收获。不对销售过程进行有效的管理控制，就不会有良好的业绩结果。

制定完销售目标，接下来要做的就是盯过程、盯结果。在这个过程中，我们需要做好两件事，建立一种工作习惯。

第一，给成员带去信心。

（1）利用现有的资源，帮助成员完成销售目标；

（2）培训传授成员技能；

（3）让优秀代理成员分享自己的经验。

第二，严格按照目标执行，建立完善的反馈机制。

（1）每天都要严格跟踪进度，根据每天的进度及时做好调整；

（2）每天修正指导，调整团队成员的心态；

（3）建立团队文化，让成员感受到团队的力量。

信息反馈是企业决策的生命。一个社交电商团队的代理成员可以说身处营销的第一线，也是最了解市场动向的。因此，他们必须要根据消费者的需求特点、竞争对手的变化甚至品牌商要求，及时将团队业绩的信息反馈给团队内部，这对整个团队日后的重大决策和方向都有着重要意义。

文化裂变：建立团队文化，让代理感受到团队力量

在社交电商中，我们首先要明白一个公式，那就是成交总量的公式（见图9-4）：

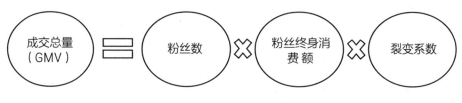

图9-4　成交总量的公式

社交电商创业者需要逐步摆脱平台流量的绑架，建立属于自己的用户池，这就需要做好粉丝裂变，深挖粉丝的需求，私有化客户"资产"，这样才能不被平台左右，可以永远和消费者建立联系。

裂变的结果是一传十、十传百，低成本将品牌迅速传播，收获大批粉丝。这些粉丝再转化为忠实客户或代理，最终壮大社交电商团队，实现利润的稳步增长。

在这里，我们要介绍一种团队裂变方式，那就是文化裂变。换句话说，社交电商需要打造一个"有温度的团队"。

1. 一个有文化的社交电商团队的标准

（1）团队成员间必须有充分的信任感

这包括个人品质和工作能力两个方面，具体到成员就是说做事时需要充分相信自己的成员，并且为了集体利益而工作，尽快完成任务。

（2）团队成员必须具备至少一项资源优势

社交电商是一个新的概念，团队成员必须要具备至少一项资源优势才能让团队更加壮大。

这里说的资源包括（见图9-5）：

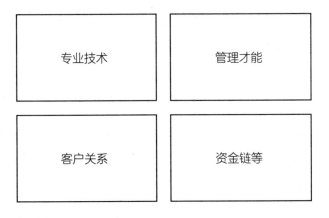

图9-5　资源包括的内容

只有团队成员中每个个体具有排他性的优势才能保持整体的平衡和稳定。

（3）团队成员间应建立自己特有的沟通方式

任何营销团队都必须要确保顺畅有效的沟通，即使意见不一致，也要以团队的大方向和利益为同一目标，在这个基础上进行执行和不断修正。

（4）团队中必须要有一个带头人

每个社交电商团队中都需要具备一个灵魂人物，这个带头人需要懂得放权。小的事情可以放权给团队成员讨论后自由处理，大的决策可以一起商讨，最终做出自己的正确判断，并且说服大家为了团队利益共同努力。这就是团队中的中流砥柱，也是团队走向市场、站稳脚跟的重要支柱。

（5）形成特有的团队文化

树立团队口号和合理的价值观。团队做任何决定和采取任何行动时，都要以公司价值观和文化观为前提。团队中一旦出现问题，成员必须要忠于团队价值观和文化，专注于解决问题。

2. 社交电商团队需要有一个明确的共同目标

在森林中，猎狗在追赶兔子，最后兔子溜掉了。于是有人就说弱者反而能跑过强者。但实际上，你不知道，猎狗和兔子的"跑"是不可相提并论的。猎狗是为一顿饭，而兔子则是为生命奔跑。

这个故事说明，即便是在做同一件事，如果目标不一致，导致的动力也会不一样。

在社交电商的团队建设中，不同角色的成员其目标是不一样的。团队中不同角色由于地位和看问题的角度不同，对团队的目标和期望值，会有很大的区别，这是很平常的事情。好的社交电商团队带头人要善于捕捉成员间不同的心态，理解他们的需求，帮助他们树立共同的奋斗目标。心往一处想，劲往一处使，才能使团队的努力形成合力。

团队带头者可以给队员规划出一个好的发展愿景和个人的发展计划，并使之与团队目标相协调。总之，团队中需要营造积极进取团结向上的工作氛围。

3. 团队文化需要有温度的工作氛围

假如一个团队缺乏积极进取团结向上的工作氛围，任何团队成员的力量都很难合在一起。

在社交电商中，有些成员因为无法在短时间内获利，所以总是不思进取，甚至还会在团队内部传播负面情绪。对于这样的成员，带头人需要对此进行清理。

对于一个公司或者品牌而言，也许在短时间内还无法形成企业精神和文化。但是对于一个团队，大家可以通过一起努力，打造出一个和谐的氛围，一种积极向上的文化理念。

团队中的带头人为了做到这些，可以这样做：

（1）奖罚分明公正：对于业绩突出的成员一定要让其精神和物质双丰收。对于出工不出力者应受到相应的惩罚。

（2）让每个成员都承担一定的压力：团队带头人不应该把所有的事情都自己扛下来，需要去中心化，懂得放权。带头人越轻松，说明团队管理越到位。在团队沟通上，更要坚持民主平等，不搞一言堂，要充分调动每个成员的积极性。

赋能裂变：让一个人做一个公司的事情

在社交电商的团队概念中存在赋能吗？答案是存在。什么叫赋能？赋能是一个工具，是一个可以帮助做大团队的工具，这个工具意指，就是领导者下放权力，从而可以让成员一个人做一个公司的事情。

比如社交电商中的卖生鲜，你如果自己做这个项目，那么需要负责完成下列事项（见图9-6）：

图9-6　一个人做生鲜类社交电商通常需要负责的事项

但是现在平台就可以给你解决所有的事情，甚至帮你一键转发。那么我们能不能向相信平台那样去相信团队成员呢？完全可以。

樊登读书会的创始人樊登曾经指出，为什么90后不好管理？不是因为他们不懂吃苦，也不是不尊重规则，而是因为互联网放大了一个能力，他可以做任何互联网给予的一切事情，例如开网店、做网红、做社交电商等等。这些甚至远远超过上班的工资。因此，这部分人不怕被老板辞退。

一个人可以依靠平台，但如果你带着团队，就不能依靠团队了，在团队中人才是最重要的。

　　人的价值在哪里？在于他有感情，能被影响。随着人工智能时代的到来，人的价值才是真正的价值，所以做社交电商必须要努力地去储备人的价值，而这就需要赋能。

1. 去中心化的放权管理

　　中心化和去中心化从字面上理解就是集权与分权。在社交电商的团队管理中，不管采取哪种管理模式，都是为了实现更好、更有效的管理。

　　不管是线下还是线上，团队中都必须有人作为管理中心而存在，而且管理一定是会产生管理层级的（见图9-7、图9-8）。

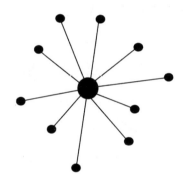

图9-7　中心化模式

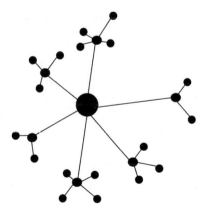

图9-8　去中心化模式

在去中心化社的社交电商团队模式中，图 9-7 中一个小节点放大后可能就是图 9-8 中的结构。一个理想的去中心化社交电商，就是团队里面有很多能量很大的图 9-7 中的节点彼此连接，最终形成一个网状结构。

中心化管理和去中心化管理模式之间，并没有谁更好的问题，也不是"非此即彼"的。

社交电商团队要想做大，必须允许去中心化的节点承担更多的责任独自去管理。在一个大的团队中，对核心成员采取中心化管理，对外围成员采取去中心化管理，保持中心化管理的成员对外围成员的影响力，适当平衡两者之间的比例，是做大社交电商团队的关键。

2. 打造一支集体协作模式的小团队

赋能不仅仅是放权给某一个人，也可以是给一个小而精致的团队。

2009 年，全美航空公司 1549 号航班在哈德逊河迫降。该航班在起飞过程中飞机两侧的引擎里飞进了鸟，引擎当时就停止了转动。航班从未发生过这样的问题，一旦处理不当，很可能机毁人亡。

但是在接下来不到五分钟的时间里，航班机组人员采取了妥善的处理措施，把飞机降落在哈德逊河上，且无一人伤亡。美国联邦航空管理局的报告认为，这次事件之所以顺利解决是因为机长和副机长能够调动团队，在团队内迅速贯彻目标，并紧密合作。由此可见，具有集体协作模式的小团队能更好地应对错综复杂的情况。

在移动社交的大面积覆盖下，小团队的协作会更加优良和高效，可以快速解决社交电商临时出现的问题。

毫不夸张地说，在一个社交电商团队中一个小精英团队就有可能就会解决一个大订单问题。如在售后服务上，小团队可以帮助客户完成从发货、仓储、物流等多方面跟踪反馈，更好地留住客户，给客户带去信任，进而完成更大规模的粉丝裂变。

越过社交电商团队管理的禁忌

在社交电商的发展过程中，获取流量的成本越来越高，这是毋庸置疑的事情。接下来就是社交电商团队拼管理能力和运营能力的时候。一个行业一旦进行到了平稳发展时期，之前跟风的那些小品牌或者小团队必然会遭到淘汰。只有成熟的、有生命力的团队才能做大。

下面我们来看一下，一个成熟有生命力的团队必须要注意的禁忌，千万不要让自己中招。

1. 社交电商销售无计划

无论是什么电商，都在从事销售的行为，社交电商也不例外。销售工作的基本法则是，制定销售计划和按计划销售。

如果偏离了这个计划，就很难实现高利润。

销售计划管理既包括如何制定一个切实可行的销售目标，也包括实施这一目标的方法。

销售计划的内容有如下几个方面：

（1）在分析当前市场形势和团队现状的基础上，制定明确的销售目标、回款目标和其他定性、定量目标；

（2）根据目标编制预算和预算分配方案；

（3）落实具体执行的团队、个人的职责和时间。

然而，许多社交电商团队在销售计划的管理上都存在很多问题。例如，无目标明确的年度、季度、月度的市场开发计划；销售目标没有建立在准确把握市场机会、有效组织团队资源的基础上，而是凭空想象出来的；销售计划没有按照地区、客户、产品、团队个人等进行分解，从而使计划无法具体落实；等等。

许多社交电商团队销售计划的各项工作内容，也从未具体地量化到每一个团队代理头上，代理不能根据分解到自己头上的指标和内容制定具体的销售活动方案，甚至，有的代理不知道应该如何制定个人销售方案等。

由于这些原因，没有明确的市场开发计划，结果是使整个社交电商团队的销售工作失去了目标。这样，在竞争激烈的市场上，社交电商团队的销售工作就会非常低效。

2. 销售过程无监控

很多的社交电商团队不懂得过程的重要性，不对团队代理的销售行动进行监管和控制，这是一大忌讳。

许多社交电商对团队代理的行动管理甚至到了粗放的程度。

例如，对代理宣布一项优惠政策，然后，让代理自由放飞。这样就会带来很多不利的影响：

团队中代理的行动无计划，无考核；

无法控制代理的行动，从而使销售计划无法保证实现；

代理的销售水平得不到提高，社交电商团队建设不力等。

实际上，不对代理的销售过程进行有效的管理控制，就不会有良好的业绩结果。这也是社交团队管理者应该关注的重点。

3. 信息无反馈

信息是企业决策的生命。整个团队中代理身处市场一线，最了解市场动向，将消费者的需求特点、竞争对手的变化、经销商的要求，这些信息及时地反馈给团队内部，这对团队决策有着重要的意义。

此外，在社交电商的销售活动中难免会存在一些难题，这些难题都需要迅速向上汇报，以便管理层面做出正确的决策。然而，许多团队没有建立起一套系统的市场报告体系，造成无法及时地收集和反馈信息。

团队代理的工作成果往往包括两个方面（见图9-9）：

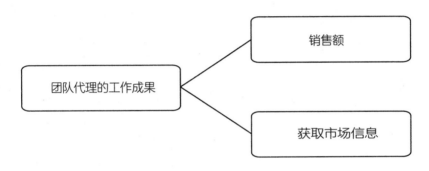

图9-9　团队代理的工作成果

对社交电商团队的发展而言，比销售额更重要的是市场信息。

因为销售额代表的是过去，而市场信息则意味着今天乃至将来又会如何，它决定着团队明天的销售业绩、明天的市场。

然而，许多团队既没有向代理提出过收集信息的要求，也没有建立一套市场报告系统，以便能够及时收集和反馈信息。

团队销售工作出了问题并不可怕。可怕的是团队不能够及时地发现营销活动各个环节中发生的问题，并在管理上做出及时反馈，使这些问题能得以迅速解决，而不至于给团队造成重大危害。

4. 制度不完善

许多社交电商团队缺乏系统配套的销售管理制度和与各项销售管理制度相匹配的销售管理政策。

一个团队的销售工作要想顺利进行，其先决条件必须是有科学的制度，这表现在销售管理制度系统配套并且可以互相制衡上，还要有相应的销售管理政策与之相匹配，做到不能有明显的缺陷和遗漏。

然而，很多社交电商团队的销售管理制度并不配套，就好像缺了一块板的木桶，其特征主要是奖罚不分明，许多应当受到鼓励的行为或业绩没有受到鼓励，一些应当受到惩处的在制度上没有作出规定。社交电商团队必须要引以为戒，制定出适合本团队发展的科学制度。

用完善的培训体系打造完整的团队体系

打造一支强有力的社交电商团队，我们还应该注重培训。社交电商成交体系缔造者、中国社交电商商学院体系搭建者、社群营销策划师林真如老师指出："没有接受过培训的社交电商从业者很可能会在大洪流中迷失方向。"况且，社交电商不是一个人可以操作的，需要的是团队的力量和支撑。因此，打造一个有战斗力的社交电商团队显得非常有必要。

当你准备进入社交电商领域，企图通过社交平台将产品卖给客户之前，必须要先思考几个问题：

怎样快速地让客户了解你的产品？

如何让客户相信你能帮助他解决问题？

如何让客户的思维跟着你的引导前进，最后抵达你设定的、并满足客户期望的终点？

……

这些都是社交平台商家亟须解决的问题。只有解决了这些问题，你才能真正在这个行业站稳脚跟，并逐渐成为佼佼者。

当然，想要做到这些你需要一个强大的社交电商团队。在这一领域内林真如老师是一个专注解决这方面问题的社交电商专家，经过她的培训，社交电商领域诞生了大量社交电商运营团队。之所以能被大量从业者认可，除了林真如老师抓住了社交电商这个机遇之外，她本人也在不断探索社交电商营销的本质，洞察客户潜在的痛点，思考如何不断提高团队的专业能力以及更好地满足客户需求。

1. 社交电商团队培训体系大纲

此处我们以社交电商成交体系缔造者、中国社交电商商学院体系搭建者、社群营销策划师林真如老师为例，看一下她针对这方面制定的培训体系大纲是什么样的。

林真如培训体系大纲：

一、新人培训（一周）

第一课：心态 + 项目介绍

第二课：App 实操

第三课：基础自营课程

二、社交电商的自营培训（五周）

第一课：引流

第二课：朋友圈打造

第三课：个人 IP 打造

第四课：打造爆款

第五课：销售成交

三、社交电商的招商裂变（九周）

第一课：行业大趋势讲解，公司政策讲解

第二课：梳理人脉资源，列名单

第三课：组建团队的重要性

第四课：现场招商升级裂变

四、社群运营培训

社群思维篇

社群招数篇

社群武器篇

社群实操篇

五、成立社交电商平台的商学院搭建

六、线下培训

1. 沙龙培训

2. 团队内训

3. 讲师梯队培养

具体内容，读者可以前往在线学习平台"跟谁学"搜索林真如的培训课。总之，林真如的这套培训课程非常成体系，而且专业，深入浅出地给做社交电商的人带去了福音。

2. 培训主题明确，内容以实用为主

很多人提供的社交电商培训，往往华而不实。不但浪费学员的金钱、时间，还给培训者自己带去了负面的影响。因此，想要用培训来打造社交电商团队，其培训的主题就必须要非常明确，内容主要以实用为主。

除了有规划、有条理地知识培训外，林真如在每次组织线下培训前，都会事先在团队中调研，征集销售人员当下最急切渴望被解决的问题，从如何提高社交电商团队领导力、如何进行朋友圈运营，到如何进行个人与社交电商的连接和应掌握的技巧等方面。获得需求之后，林真如会根据需求的轻重缓急，在众多需求中找到最普遍存在、最需要被解决的问题，准备有趣、实用的培训内容，确保参加培训的社交电商人员都能获得精而实用的内容和技巧，也给更多的团队带去可靠的保障。

3. 邀请大咖做培训或者内部精英进行分享

越来越多的人加入社交电商，尤其是很多"小白"，此时培训就显得尤为重要，所以我们要经常在团队内部做一些培训，相互地分享。对此，林真如老师认为，可以适当邀请一些外部知名度较高的大咖来分享自己的经验和知识点，当然也可以从内部寻找精英做分享。

但是，无论是外部大咖还是内部精英，分享的内容一定要在实操的基础上展开，注重实操，有案例，否则就违背了我们开展社交电商团队培训的初衷。

管理团队，好比管理一个公司，这可不是件容易的差事。有自己社交电商团队的人，很多人都有这种体会，觉得团队内部不够团结，凝聚力不高，成员容易变心，这往往都是很让团队管理者头痛的一件事情。那么在团队培训中，我们就要着重分享和介绍关于如何加强团队内部凝聚的内容。

林真如老师认为，想要做到这一点，必须要注重培养社交电商团队的文化管理。只有彼此之间建立起良好的感情，增加团队成员们的归属感，提高他们的黏性，才能打造一支具有高强战斗力的社交电商团队。除了是代理层面的上下级关系、团队成员之外，还要保留一种朋友、姐妹、兄弟的感情，彼此坦诚相待，朝着共同的目标一起努力。

附录 1　社交电商的三大主流模式分析

关于社交电商的趋势已经很明显，下面我们来看一下社交电商的三大主流模式。

1. 社交内容电商

（1）模式分析

社交内容电商适用于国内外所有商品，也是最值得深挖的电商模式。

在这个模式中，以内容驱动成交为主旨，受众主要立足于共同的兴趣爱好，并且聚合在一起形成社群，通过自己或者他人发表高质量的内容吸引海量用户访问，积累粉丝，然后引导用户进行裂变与成交。

这种模式的特征是通过网红、KOL、时尚达人基于社交工具和平台，如微信、微博、直播、短视频等生产内容吸引用户消费，解决消费者购物前选择成本高、决策困难等相关痛点。社交内容电商的典型模式是导购模式，这种模式通常分为平台和个体两种形态。

（2）优势

社交内容电商，所面向的用户群体通常都有共同的标签，以此可进行有针对性的营销，针对这部分群体共同的痛点和生活场景输出内容，这样更容易激发用户的互动传播。此外，用户因为共同的兴趣爱好或者需求痛点集结

在一块，通常价值观相近，忠诚度会更高，转化和复购的能力也较强。

（3）门槛

社交内容电商的模式对运营的能力要求比较高。就是说，需要有持续不断的高水平内容输出能力，必要时还应该搭建自己专业的内容团队，做好个人定位、经营策略、营销推广。这也是内容电商的壁垒。

当然，任何电商都需要有好的产品，无论是自营的、代理的，甚至是一件代发的，都需要具备较强的选品能力，学会筛选畅销品、打造爆品。

（4）平台——小红书、蘑菇街、抖音等

例如，小红书一直被称为"强力种草机"，以图文分享为主，整体篇幅较长，在热门的评测中会分析产品成分、科技含量、体验感、使用场景等，这些优质原创内容（UGC）可以让消费者更直观地了解产品，整体信服力较强，也比一般的广告更有效果。

再如抖音，则通过视频内容带货，主要通过产品的使用功能展示引起震撼效果，引发很多抖友关注和跟风，可以在短时间内迅速刮起一阵产品热，在淘宝等购物网站上同期也会上线很多"抖音同款"。

（5）典型代表——网红、内容创业者等

这种模式是基于自身的相对优势，建立一个能满足某类人群社交欲求的圈子，洞察这群人的潜在需求，了解他们的喜怒哀乐，才能输出激发共鸣的内容。

比如，很多网红都通过大量优质内容圈住一批粉丝，然后带着大伙一起玩，顺带种草某些产品，有自营商品的还可以顺便卖东西。当然，还有一些我们接触过的知名公众号创业案例，如罗辑思维等，他们通过专业的知识和服务影响特定的人群，然后再通过卖货将这些流量红利进行收割。

2. 社交零售电商

（1）模式分析

社交零售电商，可以理解为社交工具及场景赋能零售，主要是以个体自然人为单位并通过社交工具或社交场景，利用个人社交圈的人脉进行商品交易的新型零售模式。

这类模式一般是整合多个供应链的多元品类及品牌，开发线上分销商城，招募大量个人店主，一件代发。

社交零售电商的模式主要分为两大类：直销（B2C）和分销（S2B2C）。

直销是自营且开放的社交零售平台模式，很多线下实体店也以这种模式开展。利用微店、有赞等相关工具搭建商城将商品直接推向C端消费者，由平台承担选品、品控、物流、仓储以及售后等服务。

分销，是平台（S）直接面向个人店主等小商户（B），通过小商户间接接触C端消费者，小商户主要负责流量获取和分销。而商品供应链以及售后等服务由上游的大商家端平台来承担。

（2）社交零售型电商平台的特征

第一，去中心化。用互联网的技术方式升级了传统渠道管理体系，让渠道运营更加灵活、轻便，能够快速实现零售渠道的体量。其主要特征还包括：渠道体量庞大、消费场景封闭、顾客黏性高、渠道自带流量、商品流通成本低、渠道准入门槛低但稳定性也相对弱。

第二，渠道成为关键点。它并非中心化的零售平台型生意，而是去中心化的零售渠道生意。社交零售的基本盈利点是商品的渠道分销利润，这与传统线下实体零售在本质上是一样的，不过线下是以实体店面作为渠道载体，而社交零售是以个体自然人作为渠道载体，且是利用互相网技术升级了渠道运营系统，提升了渠道运营效率，所以从这个层面上来讲它是一种非常先进的商业模式。

（3）典型代表——云集微店

云集微店是个人零售服务平台，可为店主提供美妆、母婴、健康食品等各类货源。云集依靠的是大流量、大用户数、大订单量，从而获得话语权，保证商品的高性价比，大量店主通过社交关系扩散商品信息，增加商品曝光度提升流量。终端的消费者在看到商品信息并在云集下单之后，由云集官方完成配送、售后。每当订单完成后，店主会从云集获得相应提成收益。

3. 社交分享电商

（1）模式分析

主要基于微信等社交媒介通过用户分享进行商品传播，抓住用户从众的心理特质，甚至还会通过一些激励政策鼓励个人在好友圈进行商品推广，吸引更多的朋友加入进来。

社交分享电商采用的典型模式就是拼团模式，主要特点是用户拼团砍价，借助社交力量把用户进行下沉，并通过低门槛的促销活动来迎合用户，帮助产品锁定用户，卖一些普适性、高性价比的产品，以此达成销售裂变的目标。

（2）优势

可以低成本激活三四线及以下城市增量消费人群。传统电商对于像三四线这样相对偏远的地区覆盖有限，这些地区的用户对价格较为敏感，更易受熟人圈子的影响。采用该模式的社交电商通过微信拼团砍价将这类用户群体一下激活。

（3）门槛

首先是需要基于海量的用户群，在这里有着庞大且免费的流量池，例如拼多多的背后是微信和小程序红利，淘宝特价版背后是淘宝的支撑，京东拼购背后是京东以及京东和腾讯达成的战略合作，等等。

其次是对供应链效率以及运营监管要求较高，没有雄厚的资金、专业的人才，很难做起来。

（4）典型代表——拼多多、淘宝特价版、京东拼购等

拼多多的成功在于立足微信海量的流量形成低成本用户裂变，抓住三四线的用户对于低价商品需求的真正痛点，然后找到"爆款"产品，以此完成销售闭环。

拼团产品的价格需要极具竞争力，但是一定要拒绝假货、山寨版。因此，低价和质量往往是一个很难达成的平衡，进入该领域的创业者需要多注意这一点。

附录 2　2018 年社交新零售年度十大事件

想要加入到社交新零售的阵营，我们必须要知道在 2018 年，社交新零售出现了哪些重大新闻事件。

从法律到资本、从模式到供应链、从传统快消行业到宝妈拼团、从大数据到物流，社交新零售正在全面而深刻地渗透到各个行业，快速、猛烈地改变行业的格局。下面是社交新零售 2018 年年度十大新闻事件（注：参考第二届方雨个人年会暨社交新零售年会提出的内容）：

第一，2018 年 8 月 31 日，十三届全国人大常委会第五次会议表决通过《电子商务法》，自 2019 年 1 月 1 日起实行。

第二，2018 年 7 月 26 日拼多多在美国上市，在国内引发巨大反响，拼多多因此开启商品升级、结构大调整。

第三，以食享会、每日一淘、你我您等为代表的生鲜社区拼团引爆新一轮"百团大战"。

第四，瑞幸咖啡以线上 + 线下融合快速打造流量池的模式一年开店2000 家，掀起外卖咖啡的大变局。

第五，2018 年各大社交新零售平台融资数额巨大，爱库存 5.8 亿、云集微店 1.2 亿美金、有好东西 5000 万美金、小红书 3 亿美金、礼物说 1 亿元、有赞借壳赴港上市等等，社交电商平台 2018 年彻底爆发。

第六，快消食品巨头"达利""娃哈哈"先后试水社交电商，在传统行业引发大"地震"。

第七，阿里 88VIP、京东 PLUS、小米会员、蜜芽 PLUS、云集微店升级会员电商、小红唇、有好东西等等掀开会员电商新纪元，让美国 Costco 再次成为行业标杆。

第八，颜如玉、vimi 薇迷、绿地 MOVA 冻龄小魔瓶、摩能的速减、纤搭、九楚膏滋等品牌在市场中火热开展。

第九，京东物流试水个人快递业务，瞬间引爆电商圈和物流圈。

第十，大量微商纷纷转型社交新零售，构建社交新零售的模式，市场面临全新变革和洗牌。

附录 3　社交电商名录 100 家（排名不分先后）

蜜芽	微店	贝店
有赞	云集	碧选
微选	微盟	微巴
星链	微卖	蜜妍
极果	蜂雷	纷来
小蜜淘	碰碰购	雅布力
拼多多	小红书	小红唇
友米乐	点点客	达令家
楚楚推	爱库存	小黑鱼
达人店	蘑菇街	唯享客
礼物说	洋码头	万色城
爱抢购	欢乐逛	享物说
飞书信	小亚通	聚宝赞
醉鹅娘	聚客通	商通达
你我您	V 小客	拼趣多
拼拼侠	好衣库	十荟团

食享会	呆萝卜	淘里乐
无忧猴	环球捕手	麦朵国际
全球时刻	安陶真选	颜品生活
如涵电商	京东拼购	每日优鲜
有好东西	好物满仓	无敌掌柜
浩瀚小店	河马微店	年糕妈妈
唯柚商城	巨柚商城	袋鼠大大
逸想天开	精选速购	花生日记
入手优选	火球买手	私席珍选
贝勒丽商城	什么值得买	商派社交电商
苏宁易购拼团	大 V 店	毒物 APP
会过 VIP	闺蜜 mall	yoho！有货
洋葱 OMALL	Camelia 山茶花	OOK
LOOK	Fancy	Shopee
Garena	Meesho	Shop101
Wooplr	GlowRoad	Shopmatic
Sale Stock	11street	Pinterest
Brandless		

附录4 《中华人民共和国电子商务法》

2018年8月31日，第十三届全国人民代表大会常务委员会第五次会议通过了新的《中华人民共和国电子商务法》，全文如下：

第一章　总则

第一条　为了保障电子商务各方主体的合法权益，规范电子商务行为，维护市场秩序，促进电子商务持续健康发展，制定本法。

第二条　中华人民共和国境内的电子商务活动，适用本法。

本法所称电子商务，是指通过互联网等信息网络销售商品或者提供服务的经营活动。

法律、行政法规对销售商品或者提供服务有规定的，适用其规定。金融类产品和服务，利用信息网络提供新闻信息、音视频节目、出版以及文化产品等内容方面的服务，不适用本法。

第三条　国家鼓励发展电子商务新业态，创新商业模式，促进电子商务技术研发和推广应用，推进电子商务诚信体系建设，营造有利于电子商务创新发展的市场环境，充分发挥电子商务在推动高质量发展、满足人民日益增长的美好生活需要、构建开放型经济方面的重要作用。

第四条 国家平等对待线上线下商务活动，促进线上线下融合发展，各级人民政府和有关部门不得采取歧视性的政策措施，不得滥用行政权力排除、限制市场竞争。

第五条 电子商务经营者从事经营活动，应当遵循自愿、平等、公平、诚信的原则，遵守法律和商业道德，公平参与市场竞争，履行消费者权益保护、环境保护、知识产权保护、网络安全与个人信息保护等方面的义务，承担产品和服务质量责任，接受政府和社会的监督。

第六条 国务院有关部门按照职责分工负责电子商务发展促进、监督管理等工作。县级以上地方各级人民政府可以根据本行政区域的实际情况，确定本行政区域内电子商务的部门职责划分。

第七条 国家建立符合电子商务特点的协同管理体系，推动形成有关部门、电子商务行业组织、电子商务经营者、消费者等共同参与的电子商务市场治理体系。

第八条 电子商务行业组织按照本组织章程开展行业自律，建立健全行业规范，推动行业诚信建设，监督、引导本行业经营者公平参与市场竞争。

第二章 电子商务经营者
第一节 一般规定

第九条 本法所称电子商务经营者，是指通过互联网等信息网络从事销售商品或者提供服务的经营活动的自然人、法人和非法人组织，包括电子商务平台经营者、平台内经营者以及通过自建网站、其他网络服务销售商品或者提供服务的电子商务经营者。

本法所称电子商务平台经营者，是指在电子商务中为交易双方或者多方提供网络经营场所、交易撮合、信息发布等服务，供交易双方或者多方独立开展交易活动的法人或者非法人组织。

本法所称平台内经营者，是指通过电子商务平台销售商品或者提供服务的电子商务经营者。

第十条　电子商务经营者应当依法办理市场主体登记。但是，个人销售自产农副产品、家庭手工业产品，个人利用自己的技能从事依法无须取得许可的便民劳务活动和零星小额交易活动，以及依照法律、行政法规不需要进行登记的除外。

第十一条　电子商务经营者应当依法履行纳税义务，并依法享受税收优惠。

依照前条规定不需要办理市场主体登记的电子商务经营者在首次纳税义务发生后，应当依照税收征收管理法律、行政法规的规定申请办理税务登记，并如实申报纳税。

第十二条　电子商务经营者从事经营活动，依法需要取得相关行政许可的，应当依法取得行政许可。

第十三条　电子商务经营者销售的商品或者提供的服务应当符合保障人身、财产安全的要求和环境保护要求，不得销售或者提供法律、行政法规禁止交易的商品或者服务。

第十四条　电子商务经营者销售商品或者提供服务应当依法出具纸质发票或者电子发票等购货凭证或者服务单据。电子发票与纸质发票具有同等法律效力。

第十五条　电子商务经营者应当在其首页显著位置，持续公示营业执照信息、与其经营业务有关的行政许可信息、属于依照本法第十条规定的不需要办理市场主体登记情形等信息，或者上述信息的链接标识。

前款规定的信息发生变更的，电子商务经营者应当及时更新公示信息。

第十六条　电子商务经营者自行终止从事电子商务的，应当提前三十日在首页显著位置持续公示有关信息。

第十七条 电子商务经营者应当全面、真实、准确、及时地披露商品或者服务信息，保障消费者的知情权和选择权。电子商务经营者不得以虚构交易、编造用户评价等方式进行虚假或者引人误解的商业宣传，欺骗、误导消费者。

第十八条 电子商务经营者根据消费者的兴趣爱好、消费习惯等特征向其提供商品或者服务的搜索结果的，应当同时向该消费者提供不针对其个人特征的选项，尊重和平等保护消费者合法权益。

电子商务经营者向消费者发送广告的，应当遵守《中华人民共和国广告法》的有关规定。

第十九条 电子商务经营者搭售商品或者服务，应当以显著方式提请消费者注意，不得将搭售商品或者服务作为默认同意的选项。

第二十条 电子商务经营者应当按照承诺或者与消费者约定的方式、时限向消费者交付商品或者服务，并承担商品运输中的风险和责任。但是，消费者另行选择快递物流服务提供者的除外。

第二十一条 电子商务经营者按照约定向消费者收取押金的，应当明示押金退还的方式、程序，不得对押金退还设置不合理条件。消费者申请退还押金，符合押金退还条件的，电子商务经营者应当及时退还。

第二十二条 电子商务经营者因其技术优势、用户数量、对相关行业的控制能力以及其他经营者对该电子商务经营者在交易上的依赖程度等因素而具有市场支配地位的，不得滥用市场支配地位，排除、限制竞争。

第二十三条 电子商务经营者收集、使用其用户的个人信息，应当遵守法律、行政法规有关个人信息保护的规定。

第二十四条 电子商务经营者应当明示用户信息查询、更正、删除以及用户注销的方式、程序，不得对用户信息查询、更正、删除以及用户注销设置不合理条件。

电子商务经营者收到用户信息查询或者更正、删除的申请的，应当在核实身份后及时提供查询或者更正、删除用户信息。用户注销的，电子商务经营者应当立即删除该用户的信息；依照法律、行政法规的规定或者双方约定保存的，依照其规定。

第二十五条　有关主管部门依照法律、行政法规的规定要求电子商务经营者提供有关电子商务数据信息的，电子商务经营者应当提供。有关主管部门应当采取必要措施保护电子商务经营者提供的数据信息的安全，并对其中的个人信息、隐私和商业秘密严格保密，不得泄露、出售或者非法向他人提供。

第二十六条　电子商务经营者从事跨境电子商务，应当遵守进出口监督管理的法律、行政法规和国家有关规定。

第二节　电子商务平台经营者

第二十七条　电子商务平台经营者应当要求申请进入平台销售商品或者提供服务的经营者提交其身份、地址、联系方式、行政许可等真实信息，进行核验、登记，建立登记档案，并定期核验更新。

电子商务平台经营者为进入平台销售商品或者提供服务的非经营用户提供服务，应当遵守本节有关规定。

第二十八条　电子商务平台经营者应当按照规定向市场监督管理部门报送平台内经营者的身份信息，提示未办理市场主体登记的经营者依法办理登记，并配合市场监督管理部门，针对电子商务的特点，为应当办理市场主体登记的经营者办理登记提供便利。

电子商务平台经营者应当依照税收征收管理法律、行政法规的规定，向税务部门报送平台内经营者的身份信息和与纳税有关的信息，并应当提示依照本法第十条规定不需要办理市场主体登记的电子商务经营者依照本法第十一条第二款的规定办理税务登记。

第二十九条 电子商务平台经营者发现平台内的商品或者服务信息存在违反本法第十二条、第十三条规定情形的，应当依法采取必要的处置措施，并向有关主管部门报告。

第三十条 电子商务平台经营者应当采取技术措施和其他必要措施保证其网络安全、稳定运行，防范网络违法犯罪活动，有效应对网络安全事件，保障电子商务交易安全。

电子商务平台经营者应当制定网络安全事件应急预案，发生网络安全事件时，应当立即启动应急预案，采取相应的补救措施，并向有关主管部门报告。

第三十一条 电子商务平台经营者应当记录、保存平台上发布的商品和服务信息、交易信息，并确保信息的完整性、保密性、可用性。商品和服务信息、交易信息保存时间自交易完成之日起不少于三年；法律、行政法规另有规定的，依照其规定。

第三十二条 电子商务平台经营者应当遵循公开、公平、公正的原则，制定平台服务协议和交易规则，明确进入和退出平台、商品和服务质量保障、消费者权益保护、个人信息保护等方面的权利和义务。

第三十三条 电子商务平台经营者应当在其首页显著位置持续公示平台服务协议和交易规则信息或者上述信息的链接标识，并保证经营者和消费者能够便利、完整地阅览和下载。

第三十四条 电子商务平台经营者修改平台服务协议和交易规则，应当在其首页显著位置公开征求意见，采取合理措施确保有关各方能够及时充分表达意见。修改内容应当至少在实施前七日予以公示。

平台内经营者不接受修改内容，要求退出平台的，电子商务平台经营者不得阻止，并按照修改前的服务协议和交易规则承担相关责任。

第三十五条 电子商务平台经营者不得利用服务协议、交易规则以及技术等手段，对平台内经营者在平台内的交易、交易价格以及与其他经营者的交易等进行不合理限制或者附加不合理条件，或者向平台内经营者收取不合理费用。

第三十六条　电子商务平台经营者依据平台服务协议和交易规则对平台内经营者违反法律、法规的行为实施警示、暂停或者终止服务等措施的，应当及时公示。

第三十七条　电子商务平台经营者在其平台上开展自营业务的，应当以显著方式区分标记自营业务和平台内经营者开展的业务，不得误导消费者。

电子商务平台经营者对其标记为自营的业务依法承担商品销售者或者服务提供者的民事责任。

第三十八条　电子商务平台经营者知道或者应当知道平台内经营者销售的商品或者提供的服务不符合保障人身、财产安全的要求，或者有其他侵害消费者合法权益行为，未采取必要措施的，依法与该平台内经营者承担连带责任。

对关系消费者生命健康的商品或者服务，电子商务平台经营者对平台内经营者的资质资格未尽到审核义务，或者对消费者未尽到安全保障义务，造成消费者损害的，依法承担相应的责任。

第三十九条　电子商务平台经营者应当建立健全信用评价制度，公示信用评价规则，为消费者提供对平台内销售的商品或者提供的服务进行评价的途径。

电子商务平台经营者不得删除消费者对其平台内销售的商品或者提供的服务的评价。

第四十条　电子商务平台经营者应当根据商品或者服务的价格、销量、信用等以多种方式向消费者显示商品或者服务的搜索结果；对于竞价排名的商品或者服务，应当显著标明"广告"。

第四十一条　电子商务平台经营者应当建立知识产权保护规则，与知识产权权利人加强合作，依法保护知识产权。

第四十二条　知识产权权利人认为其知识产权受到侵害的，有权通知电子商务平台经营者采取删除、屏蔽、断开链接、终止交易和服务等必要措施。通知应当包括构成侵权的初步证据。

电子商务平台经营者接到通知后，应当及时采取必要措施，并将该通知转送平台内经营者；未及时采取必要措施的，对损害的扩大部分与平台内经营者承担连带责任。

因通知错误造成平台内经营者损害的，依法承担民事责任。恶意发出错误通知，造成平台内经营者损失的，加倍承担赔偿责任。

第四十三条　平台内经营者接到转送的通知后，可以向电子商务平台经营者提交不存在侵权行为的声明。声明应当包括不存在侵权行为的初步证据。

电子商务平台经营者接到声明后，应当将该声明转送发出通知的知识产权权利人，并告知其可以向有关主管部门投诉或者向人民法院起诉。电子商务平台经营者在转送声明到达知识产权权利人后十五日内，未收到权利人已经投诉或者起诉通知的，应当及时终止所采取的措施。

第四十四条　电子商务平台经营者应当及时公示收到的本法第四十二条、第四十三条规定的通知、声明及处理结果。

第四十五条　电子商务平台经营者知道或者应当知道平台内经营者侵犯知识产权的，应当采取删除、屏蔽、断开链接、终止交易和服务等必要措施；未采取必要措施的，与侵权人承担连带责任。

第四十六条　除本法第九条第二款规定的服务外，电子商务平台经营者可以按照平台服务协议和交易规则，为经营者之间的电子商务提供仓储、物流、支付结算、交收等服务。电子商务平台经营者为经营者之间的电子商务提供服务，应当遵守法律、行政法规和国家有关规定，不得采取集中竞价、做市商等集中交易方式进行交易，不得进行标准化合约交易。

第三章　电子商务合同的订立与履行

第四十七条　电子商务当事人订立和履行合同，适用本章和《中华人民共和国民法总则》《中华人民共和国合同法》《中华人民共和国电子签名法》等法律的规定。

第四十八条　电子商务当事人使用自动信息系统订立或者履行合同的行为对使用该系统的当事人具有法律效力。

在电子商务中推定当事人具有相应的民事行为能力。但是，有相反证据足以推翻的除外。

第四十九条　电子商务经营者发布的商品或者服务信息符合要约条件的，用户选择该商品或者服务并提交订单成功，合同成立。当事人另有约定的，从其约定。

电子商务经营者不得以格式条款等方式约定消费者支付价款后合同不成立；格式条款等含有该内容的，其内容无效。

第五十条　电子商务经营者应当清晰、全面、明确地告知用户订立合同的步骤、注意事项、下载方法等事项，并保证用户能够便利、完整地阅览和下载。

电子商务经营者应当保证用户在提交订单前可以更正输入错误。

第五十一条　合同标的为交付商品并采用快递物流方式交付的，收货人签收时间为交付时间。合同标的为提供服务的，生成的电子凭证或者实物凭证中载明的时间为交付时间；前述凭证没有载明时间或者载明时间与实际提供服务时间不一致的，实际提供服务的时间为交付时间。

合同标的为采用在线传输方式交付的，合同标的进入对方当事人指定的特定系统并且能够检索识别的时间为交付时间。

合同当事人对交付方式、交付时间另有约定的，从其约定。

第五十二条　电子商务当事人可以约定采用快递物流方式交付商品。

快递物流服务提供者为电子商务提供快递物流服务，应当遵守法律、行政法规，并应当符合承诺的服务规范和时限。快递物流服务提供者在交付商品时，应当提示收货人当面查验；交由他人代收的，应当经收货人同意。

快递物流服务提供者应当按照规定使用环保包装材料，实现包装材料的减量化和再利用。

快递物流服务提供者在提供快递物流服务的同时，可以接受电子商务经营者的委托提供代收货款服务。

第五十三条　电子商务当事人可以约定采用电子支付方式支付价款。

电子支付服务提供者为电子商务提供电子支付服务，应当遵守国家规定，告知用户电子支付服务的功能、使用方法、注意事项、相关风险和收费标准等事项，不得附加不合理交易条件。电子支付服务提供者应当确保电子支付指令的完整性、一致性、可跟踪稽核和不可篡改。

电子支付服务提供者应当向用户免费提供对账服务以及最近三年的交易记录。

第五十四条　电子支付服务提供者提供电子支付服务不符合国家有关支付安全管理要求，造成用户损失的，应当承担赔偿责任。

第五十五条　用户在发出支付指令前，应当核对支付指令所包含的金额、收款人等完整信息。

支付指令发生错误的，电子支付服务提供者应当及时查找原因，并采取相关措施予以纠正。造成用户损失的，电子支付服务提供者应当承担赔偿责任，但能够证明支付错误非自身原因造成的除外。

第五十六条　电子支付服务提供者完成电子支付后，应当及时准确地向用户提供符合约定方式的确认支付的信息。

第五十七条　用户应当妥善保管交易密码、电子签名数据等安全工具。用户发现安全工具遗失、被盗用或者未经授权的支付的，应当及时通知电子支付服务提供者。

未经授权的支付造成的损失，由电子支付服务提供者承担；电子支付服务提供者能够证明未经授权的支付是因用户的过错造成的，不承担责任。

电子支付服务提供者发现支付指令未经授权，或者收到用户支付指令未经授权的通知时，应当立即采取措施防止损失扩大。电子支付服务提供者未及时采取措施导致损失扩大的，对损失扩大部分承担责任。

第四章　电子商务争议解决

第五十八条　国家鼓励电子商务平台经营者建立有利于电子商务发展和消费者权益保护的商品、服务质量担保机制。

电子商务平台经营者与平台内经营者协议设立消费者权益保证金的，双方应当就消费者权益保证金的提取数额、管理、使用和退还办法等作出明确约定。

消费者要求电子商务平台经营者承担先行赔偿责任以及电子商务平台经营者赔偿后向平台内经营者的追偿，适用《中华人民共和国消费者权益保护法》的有关规定。

第五十九条　电子商务经营者应当建立便捷、有效的投诉、举报机制，公开投诉、举报方式等信息，及时受理并处理投诉、举报。

第六十条　电子商务争议可以通过协商和解，请求消费者组织、行业协会或者其他依法成立的调解组织调解，向有关部门投诉，提请仲裁，或者提起诉讼等方式解决。

第六十一条　消费者在电子商务平台购买商品或者接受服务，与平台内经营者发生争议时，电子商务平台经营者应当积极协助消费者维护合法权益。

第六十二条 在电子商务争议处理中，电子商务经营者应当提供原始合同和交易记录。因电子商务经营者丢失、伪造、篡改、销毁、隐匿或者拒绝提供前述资料，致使人民法院、仲裁机构或者有关机关无法查明事实的，电子商务经营者应当承担相应的法律责任。

第六十三条 电子商务平台经营者可以建立争议在线解决机制，制定并公示争议解决规则，根据自愿原则，公平、公正地解决当事人的争议。

第五章 电子商务促进

第六十四条 国务院和省、自治区、直辖市人民政府应当将电子商务发展纳入国民经济和社会发展规划，制定科学合理的产业政策，促进电子商务创新发展。

第六十五条 国务院和县级以上地方人民政府及其有关部门应当采取措施，支持、推动绿色包装、仓储、运输，促进电子商务绿色发展。

第六十六条 国家推动电子商务基础设施和物流网络建设，完善电子商务统计制度，加强电子商务标准体系建设。

第六十七条 国家推动电子商务在国民经济各个领域的应用，支持电子商务与各产业融合发展。

第六十八条 国家促进农业生产、加工、流通等环节的互联网技术应用，鼓励各类社会资源加强合作，促进农村电子商务发展，发挥电子商务在精准扶贫中的作用。

第六十九条 国家维护电子商务交易安全，保护电子商务用户信息，鼓励电子商务数据开发应用，保障电子商务数据依法有序自由流动。

国家采取措施推动建立公共数据共享机制，促进电子商务经营者依法利用公共数据。

第七十条 国家支持依法设立的信用评价机构开展电子商务信用评价，向社会提供电子商务信用评价服务。

第七十一条 国家促进跨境电子商务发展，建立健全适应跨境电子商务特点的海关、税收、进出境检验检疫、支付结算等管理制度，提高跨境电子商务各环节便利化水平，支持跨境电子商务平台经营者等为跨境电子商务提供仓储物流、报关、报检等服务。

国家支持小型微型企业从事跨境电子商务。

第七十二条 国家进出口管理部门应当推进跨境电子商务海关申报、纳税、检验检疫等环节的综合服务和监管体系建设，优化监管流程，推动实现信息共享、监管互认、执法互助，提高跨境电子商务服务和监管效率。跨境电子商务经营者可以凭电子单证向国家进出口管理部门办理有关手续。

第七十三条 国家推动建立与不同国家、地区之间跨境电子商务的交流合作，参与电子商务国际规则的制定，促进电子签名、电子身份等国际互认。

国家推动建立与不同国家、地区之间的跨境电子商务争议解决机制。

第六章 法律责任

第七十四条 电子商务经营者销售商品或者提供服务，不履行合同义务或者履行合同义务不符合约定，或者造成他人损害的，依法承担民事责任。

第七十五条 电子商务经营者违反本法第十二条、第十三条规定，未取得相关行政许可从事经营活动，或者销售、提供法律、行政法规禁止交易的商品、服务，或者不履行本法第二十五条规定的信息提供义务，电子商务平台经营者违反本法第四十六条规定，采取集中交易方式进行交易，或者进行标准化合约交易的，依照有关法律、行政法规的规定处罚。

第七十六条　电子商务经营者违反本法规定，有下列行为之一的，由市场监督管理部门责令限期改正，可以处一万元以下的罚款，对其中的电子商务平台经营者，依照本法第八十一条第一款的规定处罚：

（一）未在首页显著位置公示营业执照信息、行政许可信息、属于不需要办理市场主体登记情形等信息，或者上述信息的链接标识的；

（二）未在首页显著位置持续公示终止电子商务的有关信息的；

（三）未明示用户信息查询、更正、删除以及用户注销的方式、程序，或者对用户信息查询、更正、删除以及用户注销设置不合理条件的。

电子商务平台经营者对违反前款规定的平台内经营者未采取必要措施的，由市场监督管理部门责令限期改正，可以处二万元以上十万元以下的罚款。

第七十七条　电子商务经营者违反本法第十八条第一款规定提供搜索结果，或者违反本法第十九条规定搭售商品、服务的，由市场监督管理部门责令限期改正，没收违法所得，可以并处五万元以上二十万元以下的罚款；情节严重的，并处二十万元以上五十万元以下的罚款。

第七十八条　电子商务经营者违反本法第二十一条规定，未向消费者明示押金退还的方式、程序，对押金退还设置不合理条件，或者不及时退还押金的，由有关主管部门责令限期改正，可以处五万元以上二十万元以下的罚款；情节严重的，处二十万元以上五十万元以下的罚款。

第七十九条　电子商务经营者违反法律、行政法规有关个人信息保护的规定，或者不履行本法第三十条和有关法律、行政法规规定的网络安全保障义务的，依照《中华人民共和国网络安全法》等法律、行政法规的规定处罚。

第八十条　电子商务平台经营者有下列行为之一的，由有关主管部门责令限期改正；逾期不改正的，处二万元以上十万元以下的罚款；情节严重的，责令停业整顿，并处十万元以上五十万元以下的罚款：

（一）不履行本法第二十七条规定的核验、登记义务的；

（二）不按照本法第二十八条规定向市场监督管理部门、税务部门报送有关信息的；

（三）不按照本法第二十九条规定对违法情形采取必要的处置措施，或者未向有关主管部门报告的；

（四）不履行本法第三十一条规定的商品和服务信息、交易信息保存义务的。

法律、行政法规对前款规定的违法行为的处罚另有规定的，依照其规定。

第八十一条　电子商务平台经营者违反本法规定，有下列行为之一的，由市场监督管理部门责令限期改正，可以处二万元以上十万元以下的罚款；情节严重的，处十万元以上五十万元以下的罚款：

（一）未在首页显著位置持续公示平台服务协议、交易规则信息或者上述信息的链接标识的；

（二）修改交易规则未在首页显著位置公开征求意见，未按照规定的时间提前公示修改内容，或者阻止平台内经营者退出的；

（三）未以显著方式区分标记自营业务和平台内经营者开展的业务的；

（四）未为消费者提供对平台内销售的商品或者提供的服务进行评价的途径，或者擅自删除消费者的评价的。

电子商务平台经营者违反本法第四十条规定，对竞价排名的商品或者服务未显著标明"广告"的，依照《中华人民共和国广告法》的规定处罚。

第八十二条　电子商务平台经营者违反本法第三十五条规定，对平台内经营者在平台内的交易、交易价格或者与其他经营者的交易等进行不合理限制或者附加不合理条件，或者向平台内经营者收取不合理费用的，由市场监督管理部门责令限期改正，可以处五万元以上五十万元以下的罚款；情节严重的，处五十万元以上二百万元以下的罚款。

第八十三条　电子商务平台经营者违反本法第三十八条规定，对平台内经营者侵害消费者合法权益行为未采取必要措施，或者对平台内经营者未尽到资质资格审核义务，或者对消费者未尽到安全保障义务的，由市场监督管理部门责令限期改正，可以处五万元以上五十万元以下的罚款；情节严重的，责令停业整顿，并处五十万元以上二百万元以下的罚款。

第八十四条　电子商务平台经营者违反本法第四十二条、第四十五条规定，对平台内经营者实施侵犯知识产权行为未依法采取必要措施的，由有关知识产权行政部门责令限期改正；逾期不改正的，处五万元以上五十万元以下的罚款；情节严重的，处五十万元以上二百万元以下的罚款。

第八十五条　电子商务经营者违反本法规定，销售的商品或者提供的服务不符合保障人身、财产安全的要求，实施虚假或者引人误解的商业宣传等不正当竞争行为，滥用市场支配地位，或者实施侵犯知识产权、侵害消费者权益等行为的，依照有关法律的规定处罚。

第八十六条　电子商务经营者有本法规定的违法行为的，依照有关法律、行政法规的规定记入信用档案，并予以公示。

第八十七条　依法负有电子商务监督管理职责的部门的工作人员，玩忽职守、滥用职权、徇私舞弊，或者泄露、出售或者非法向他人提供在履行职责中所知悉的个人信息、隐私和商业秘密的，依法追究法律责任。

第八十八条　违反本法规定，构成违反治安管理行为的，依法给予治安管理处罚；构成犯罪的，依法追究刑事责任。

第七章　附则

第八十九条　本法自 2019 年 1 月 1 日起施行。

后记

我做互联网营销已经 11 年，遇到过不少企业老板，其中很多因为"趣味相投"成为好朋友。我发现很多企业老板不懂营销、找不到用户，经营非常辛苦！

我是一个爱总结也善于总结的人。在给企业提供营销服务时，我也在不断总结、创新，寻找更适合、更低成本的营销方式。我总结了两千多个营销笔记分享给身边的人，互联网上也散布着我的很多课件和录音，也经常被邀请进行线上、线下课程分享。

后来当我确立以百度霸屏为主要业务后，就很少开课了。但我仍然在思考如何才能在短时间内帮助更多的人。我想到了把自己多年的经验和心得集结成图书，分享给大家。所以，才有了这本书！

我非常喜欢清元老师的一句话——"爱上书就不会输"！清元老师有着超强的学习能力，也乐于分享，经常鼓舞大家要多读书。智银老师也说过"读好书交高人"。我们三人对图书都有着自己的情怀，希望通过我们的努力，能为这个行业做一点贡献，让尽可能多的人受益。

经过一年多的专心写作，在三位作者的共同努力下，终于迎来了《社交电商新零售：团队裂变和业绩倍增解决方案》的出版，在写书的过程中，也得到了业界诸多老师的帮助和品牌方的支持，在此深表感谢！ 因为篇幅限制，有很多内容未能在书中全部展示，加上表达能力有限，书中也难免有遗漏或不恰当之处，恳请广大读者批评指正！如果你有问题想和作者沟通，可以通过百度搜索任何一个作者的名字找到我们！也欢迎加入我们的社群相互交流！

　　社交新零售处在不断的发展和变化中，学术研究永无止境。之前在我的另一本书《微商引流爆粉实战手册》中剖析了全网引流的方法，以后我们三位作者也会出版更多关于社交新零售以及互联网营销的书籍，为大家持续创造价值，请广大读者继续关注！

王九山